社会保障法入門

生活保障の原理で学ぶ

山田 晋 著

嵯峨野書院

#　はしがき

　2018年に刊行された石井保雄教授の労作,『わが国労働法学の史的展開』(信山社)は, 社会法学史, 社会法思想研究の金字塔といえる。教授は, 執念ともいえる緻密な文献研究によりわれわれの大先輩である社会法研究者の「戦争責任」を明らかにした。

　私は荒木誠之・九州大学教授 (1924-2015) のもとで社会法を本格的に勉強した。荒木教授の「師匠」が菊池勇夫博士 (1898-1975) である。菊池勇夫博士は戦前から九州帝国大学の社会法講座を担当し, 戦後は九州大学総長なども歴任し, 荒木誠之教授はじめ, 林迪廣教授や日外喜八郎教授など後進の育成にも力を入れた。社会法に加えて法哲学, 法思想, 経済法など守備範囲も広く, そのカリスマ性は強力なものがあった。本書の理論的中核は荒木誠之教授の「給付別体系論」であるが, 荒木教授がこの理論を大学紀要に発表したとき, 菊池博士から「群を抜いて素晴らしい論文である」という賞賛の葉書をもらった。後年, 荒木教授は有志の研究会で, この葉書を回覧したが, 葉書はビニールコーティングしてあった。

　戦後も日本労働法学会の「重鎮」であった菊池博士であるが, 戦前は侵略戦争に荷担した。石井教授はそのことを明確に指摘した。私もわずかであるが, 菊池勇夫博士の戦前の研究について調べたことがあり, 後藤清 (1902-1991) と異なり博士は侵略戦争に積極的に荷担していないと結論づけていたが, それは完全な誤りであることを知った。

　問題はなぜ戦前の社会法研究者 (多くは留学経験もあり広い視野をもっていただろう) が, 雪崩をうって侵略戦争に荷担したかである。法学研究が存在する法, とりわけ実定法を研究対象にし, その解釈を中心的営為とすると, 悪法であっても, 法の目的が合法的に規定されていればその通り解釈することは避けられないのだろうか。既定路線として政策を押しつける「ファシズム」政権が跋扈する中で, こんにち社会保障法は完全に国民に背を向けたものになった。

悪法の冒頭に掲げられた法の目的に対峙して批判的にこれを検討するにはどうすれば良いのか。

　法の土台で議論を開始しては，批判は出来ても説得はできない。そこで私は「生活保障」という社会保障の原理から実定法を照射することにした。

　社会保障法は，生存権に立脚した社会保障の適正な展開を保障するルールである。したがって，社会保障のありようが社会保障の法を規定する（その逆であってはならない！）。ここからおのずと「あるべき社会保障法」が導き出され，「ある社会保障法」がそれに適合すればその法が正しく，そうでなければその「ある社会保障法」は悪法である。

　本書は私の社会法の研究と教育の成果のようなものである。研究に関しては日外喜八郎教授，荒木誠之教授，林迪廣教授，河野正輝教授，菊池高志教授ら九州大学社会法講座，「荒木理論研究会」の故・福島淳・福岡教育大学名誉教授，良永彌太郎・熊本大学名誉教授，柳澤旭・山口大学名誉教授，阿原稔・富山大学名誉教授，阿部和光・久留米大学名誉教授，石橋敏郎・熊本県立大学名誉教授，丸谷浩介・九州大学教授，河谷はるみ・西南学院大学教授らのご指導ご鞭撻には心から御礼を申し上げたい。

　また嵯峨野書院の中江俊治氏には原稿を細部にわたりチェックしていただき，多くのアドバイスをいただいた。御礼申し上げる。

　本書の発刊については広島修道大学教科書出版助成金の補助を得ている。記して感謝する。

2024年10月23日

山田　晋

目　次

はしがき ……………………………………………………………………… i
本書のねらい ………………………………………………………………… 1

第Ⅰ部　原　　論

第1章　社会保障法学へのアプローチ …………………………………… 5
　　1　社会保障の法学　5
　　2　社会保障とは何か　7
　　3　社会保障法と関連領域　10

第2章　社会保障の本質とは何なのか …………………………………… 13
　　1　社会保障の本質　13
　　2　生活保障とは何か　15
　　3　社会保障法の拡大・拡散　16
　　4　労使関係と社会保障法　16

第3章　社会保障法給付の原理 …………………………………………… 19
　　1　医療保険の原理　19
　　2　社会福祉の原理　21
　　3　所得保障の原理　23
　　4　最低生活保障の原理　26

第4章　社会保障の行財政 ……………………………………………… 29
　　1　社会保障の行政・運営　29
　　2　財源論――社会保険　30
　　3　費　用　負　担　34

第Ⅱ部　総　　　論

第5章　社会保障の歴史と社会保障法学の展開 ……………………… 39
　　1　社会保障の歴史　39
　　2　社会保障法学の展開　45

第6章　社会保障の責任論 ……………………………………………… 55
　　1　社会保障の責任主体　55
　　2　社会保障の法源（法的根拠）　55

第7章　わが国の社会保障法制の概要 ………………………………… 63
　　1　労　働　災　害　64
　　2　公　的　扶　助　65

第Ⅲ部　各　　　論

第8章　医療保障制度の概要 …………………………………………… 69
　　1　医療保障制度　69
　　2　給　　付　71
　　3　医療保障制度の概要　72

4　後期高齢者医療保険　74
　　5　生活保護世帯の医療保障　75
　　6　自己負担　76

第9章　社会福祉法制の概要　79
　　1　総　　論　79
　　2　障害福祉法の体系　83
　　3　高齢者の福祉　91
　　4　児童福祉　98

第10章　所得保障制度の概要　107
　　1　収入の停止・減少　107
　　2　所得の短期的な中断——休職・休業　116
　　3　所得の短期的な中断——失業　116
　　4　家計負担の軽減　119

第11章　労働災害補償　123
　　1　労働災害　123
　　2　労災保険制度　123

第12章　低所得層の支援と最低生活の保障　127
　　1　低所得対策・最低生活保障の原理　127
　　2　生活困窮者自立支援法　128
　　3　生活保護法　131
　　4　関連制度　146

社会保障の歴史年表　147

本書のねらい

　こんにち社会保障の概念は拡散化の傾向にある。一つには現代社会の錯綜する諸問題に対応しようとするときに，曖昧な概念である社会保障が極めて利用しやすいからである。ひきこもり，晩婚化，地域の再生などおよそありとあらゆる問題を政府は社会保障にかこつけて対応しようとしている。社会保障はこんにち「闇鍋」状態である。またそれを支持する研究者も多い。

　しかし社会保障法は曖昧ではない。発展過程で膨張してきてはいるが，本質は「生活保障」にある。「生活保障」の語はこんにち多様な使われ方をしているが，社会保障法学では1960年代に社会保障の法体系を理論的に構築した荒木誠之教授が用いた語である。国民の生活基盤を形成し強固なものにする「生活保障」が，社会保障の本質である。主体は国民（生活保障に対応させれば生活人）であり，国家と社会は義務を負っている。決して国家や社会が主体になり国民に義務を課すものではない。地域生成や「まるごと自分ごと」などというのはファシズムであり，およそ社会保障とは無縁のものである。

　社会保障法学では荒木教授の「給付別体系論」がこんにちの通説となっている。本書はその「給付別体系論」で組み立てた入門的な教科書である。給付別体系論では社会保障給付の性質に基づいて体系を組み立てる。社会保障給付は要保障事故によって規定されている。では要保障事故は何か。それは社会が支援を必要であると考えたものである。

　本書はまず社会が支援すべきと認識した要保障事故の性質とその支援の原理を確認し，その原理が実現できる「あるべき社会保障給付」を考える。そののちに実定法を概観する。

　本書では判例は極力とりあげない。入門書の域をこえるからである。また「注」も省略した。

　本書は入門書である。さらに関心のある読者は以下のような単著でかつ入手可能と思われる教科書でさらに深く学ぶことを勧める。単著であるので，執筆

者の理論を把握できる。ただし本書とは問題意識も，見解も異なる。

　　長沼建一郎『社会保険の基礎』（弘文堂，2015年）
　　加藤智章『社会保険核論』（旬報社，2016年）
　　西村健一郎『社会保障法入門（第3版）』（有斐閣，2017年，初版は2008年）
　　丸谷浩介『ライフステージと社会保障』（放送大学教育振興会，2020年）
　　島村暁代『プレップ社会保障法』（弘文堂，2021年）
　　菊池馨実『社会保障法（第3版）』（有斐閣，2022年，初版は2014年）
　　伊奈川秀和『〈概観〉社会保障法総論・社会保険法（第3版）』（信山社，2023年，初版は2018年）
　　小西啓文『社会保障法講義（第3版）』（信山社，2024年，初版は2014年）

第Ⅰ部　原　論

第1章　｜　社会保障法学へのアプローチ

第2章　｜　社会保障の本質とは何なのか

第3章　｜　社会保障法給付の原理

第4章　｜　社会保障の行財政

# 社会保障法学へのアプローチ

　本書は〈生活保障〉をキーワードに社会保障の法に接近し学んでゆく。
　〈生活保障〉という言葉は，近年，ある種のはやり言葉の観があるが，本書が採用している〈生活保障〉はそのような語法ではない。わが国社会保障法の「中興の祖」である**荒木誠之教授**（1924-2015）が使用した用法である。〈生活保障〉は一般的な日本語であり，誰がどのように使おうとも自由だが，本書では社会保障法学上の用語として使用する。
　荒木教授の〈生活保障〉とは，「労働者」という収入の稼得手段の側面に注目するのではなく，人間の所得を費消する日常的営為についての保障を意味する。

1．社会保障の法学

　法学研究は他の社会科学（社会学や経済学）と異なり，よりどころとなるものが明確に存在する。法律を中心とする法規範である。しかし法の中心である法律の条文を解説しただけでは法学研究にはならないし，あまり意味はない。もちろん，恐山のイタコのように，国会で制定された（実質的には官僚の作文でもある）法律を読み下すことが法律学の使命であると考えればそれで十分であろう。そしてこの場合，法律が改廃されるたびにすべて新たに読み下し文を作成せねばならないことになるし，すべては国会次第ということになる。そして最高の法学研究者は法律案を作成した官僚ということになる。社会保障法学とは社会保障についての法学である。それは社会保障についての法律を暗記したり説明したりする学問ではない。社会保障法は他の法律と同様，ときの政治・経済状況，社会環境などを反映して立法がなされることが多く，年金のよ

うに政治的人気とりや既存の利益集団の保護のために立法される場合もある。さらには政治家の無知ゆえに理論的には全く整合性のない立法がなされることもある。したがって存在する法律を理論的に説明し解釈することが，社会保障法学に対して常に適正な・意味あるものだとは限らない。むしろほとんど無意味といってもよい。

　本書は法学の役割をそのような「読み下し」に限定せず，国民を拘束する法律の是非，妥当性，必要であれば「あるべき」解釈，立法の方向性を提示することも場合によっては必要であるという立場に立つ。

　法律や制度を所与のものとして，それを拝跪するのではなく，理論的な方向性をもって展開するという手法は，荒木教授の法体系論でもとられたものであり，本書もそれに沿う。

　ではどのようにすれば理論的な方向性を示せるのか。

　社会保障法は社会保障に関する法である（何が社会保障かについては後述する）。

　社会保障の法は，社会保障の本質が十分に展開されるためのルールでなければならない。したがって社会保障法学は，まず社会保障の本質を把握し，その本質が十分に展開できるルール―それが本来の「あるべき」社会保障法―を把握，理解しなければならない。現実世界では，「あるべき法」は，現実社会に存在し効力をもつ「ある法」と必ずしも一致しない。「ある法」は立法時の政治状況，財政状況などによって規定され，夾雑物に満ち溢れているからである。

　次に社会保障法学は，「あるべき法」に照らして，「ある法」がどのような問題点を内在し，それをどのように改正してゆくべきか，あるいはどのように解釈すべきかを明らかにする。

　社会保障法を学ぶということは，社会保障の本質を理解しそこから実定法を批判的に検討することによって，あるべき社会保障法を構想することである。

2．社会保障とは何か

1　一般的定義

社会保障法が社会保障に関する法であるとすると，社会保障とは何かがまず問題となる。以下に社会保障の一般的定義を確認しよう。

① ベヴァリッジ報告書（*Beveridge Report*, 1942.）

社会保障を考えるにあたって必ず挙げられるのが，1942年に発表されたイギリスのベヴァリッジ報告書である。

社会保障制度とは「失業，疾病もしくは災害によって収入が中断された場合にこれに代わるための，また，老齢による退職や本人以外の者の死亡による扶養の喪失に備えるための，さらにまた出生，死亡および結婚などに関する特別の支出をまかなうための，所得保障」である。

ウィリアム・ベヴァリッジ（William Beveridge 1879-1963）はイギリスの著名なケインズ主義経済学者である。彼は第二次世界大戦中，戦後のイギリスを見据えた社会保障制度の「青写真」を描いた。戦後イギリスの社会保障制度はこのベヴァリッジの構想に基づいている。彼は，社会保障＝所得保障と考えており，その前提に，包括的保健医療・リハビリ，雇用政策，家族手当を措定する。戦後イギリスの社会保障はベヴァリッジ報告書をよりどころとしてスタートするが，徐々に報告書が提示した社会保障の骨組みからは離れていった。

② 1950（昭和25）年社会保障制度審議会「**社会保障制度に関する勧告**」

「社会保障制度とは，疾病，負傷，分娩，廃疾，死亡，老齢，失業，多子その他困窮の原因に対し，保険的方法又は直接公の負担において経済保障の途を講じ，生活困窮に陥った者に対しては，国家扶助によって最低限度の生活を保障するとともに，公衆衛生及び社会福祉の向上を図り，もってすべての国民が文化的社会の成員たるに値する生活を営むことができるようにすることをい

う」

　社会保障制度審議会はわが国の多くの「審議会」の中で唯一，勧告権をもっていた審議会であった（現在は廃止）。

　この勧告は日本の戦後の社会保障制度の展開の方向を示したものといえる。

　注意すべきは，社会保障制度審議会の定義には公衆衛生が含まれているが，一般的には公衆衛生は社会保障に含まれないという点である。

　「憲法25条」2項に「公衆衛生」という文言があり，社会保障と並列に規定されているが，公衆衛生は「公の利益（public interest）」の視点から，国民の健康状態を検討し保護するものである。例えば結核や感染症への対応で公衆衛生の視点からは，公共の利益・安全が優先され，患者本人の意思にかかわらず強制入院や隔離などが行われることもある。社会保障は基本的には個人の保護を優先するので，公衆衛生とは適用される原理が異なる。

③　国際労働機関（International Labour Organization, ILO）

　社会保障とは，「疾病，出産，労災，失業，障害，老齢，および死亡に帰因する所得の停止もしくは重大な減少によって生じる経済的および社会的困窮に対して，一連の公的措置によって，社会がその構成員に提供する保護を意味する。また医療の提供，児童を持つ家庭への助成の提供も含む」（ILO, *Introduction to Social Security*, 1984, p. 3.）。

　国際労働機関は，各国の政府代表，経営代表，労働代表の三者で構成される専門的な国際機関で，2024年時点で187か国が加盟している。労働法制や社会保障の国際基準の設定，社会保障の研究，技術支援などにより，世界の労働政策，社会政策の展開に貢献している。創設以来，190の条約，206の勧告を採択している。

④　ILO・1952年の社会保障最低基準条約（102号条約）

　ILOの社会保障最低基準条約（102号条約）（Social Security [Minimum Standards] Convention 1952, Convention No. 102）の給付対象となる事故（contingency）は，以

下のものである。

　医療給付（medical care），疾病給付（sickness benefit），失業給付（unemployment benefit），老齢給付（old-age benefit），業務上災害給付（employment injury benefit），家族給付（family benefit），母性給付（maternity benefit），障害給付（invalidity benefit），遺族給付（survivor's benefit）。

　ILO のこの条約は，発展途上国も含めた各国が達成すべき社会保障の国際的な最低基準である。社会保障の「カタログ」であると評される。

2　荒木誠之教授の定義

　本書が依拠するのは荒木誠之教授の「給付制体系論」である。教授は社会保障を以下のように把握する。

　「社会保障とは，国が，生存権の主体である国民に対して，その生活を保障することを直接の目的として給付を行なう法関係である」（荒木誠之『社会保障法読本［第3版］』有斐閣，2002年，245頁）

　ここでいう「国」は公的責任を意味しており，地方自治体も含むものである。なお「給付」を「配ること」と理解し，荒木理論が相談，支援などに対応していないとう批判がある。しかし「相談」を内包する生活保護法についてもこの定義は当然に対応しており，ここでいう「給付」が単なる「配ること」だけでないことは自明である。

　以上のさまざまな定義から，社会保障とは「生活保障を目的に，生存権の観点からなされる社会的支援」であり，社会保障法とはそれらに関する法といえる。

　「生存権の観点からなされる」ものなので教育は基本的にその範疇から除外され，「社会的支援」なので，ボランティアや企業が従業員のために行う福利厚生などは除外され，国家と社会の責任で行われる支援ということになる。

第Ⅰ部 原　　論

3．社会保障法と関連領域

　社会保障は，公的責任に裏打ちされている社会的給付の総体であるがゆえに，国家の作用すべてを社会保障に含めたり，生活保障のすべてをここに含める傾向もある。しかし，そのような傾向は，社会保障に存在する生存権保障という原理を無視した誤った見解である。

1　社会保障と公衆衛生

　公衆衛生は「公の利益（public interest）」の視点から，国民の健康状態を管理・統制するものである。特定の疾患に罹患した国民の治療よりは，その疾患の蔓延から社会，国家を防衛することに重点がある。したがって，国民個人の意向は無視される傾向にある。例えば結核や感染症予防は，公共の利益・安全が優先し，医療における患者の自己決定は存在しないことがある。社会保障は基本的には個人の保護を優先するので，公衆衛生とは適用される原理が異なる。

2　社会保障と住宅

　住宅問題と社会保障の関係は極めて密である。衣食住は人間の生活の最低限であるから，住居の問題は社会保障の前提あるいは中心であると考えられなくもない。

　第二次世界大戦後の国際的人権文書である世界人権宣言（1948年）25条1項や，国際人権規約（経済的，社会的及び文化的権利に関する国際規約），その後の国際文書の採択などで，居住権は国際的に承認されたといえる。

　わが国では憲法上，住宅およびそれに関連する文言を用いて居住権を規定した条項は存在しないが，憲法25条にその根拠を見出すことができる。

　しかし住宅政策と社会保障法との関連は，住宅は価値の高い私的財産であること，排他性があること，住宅は環境に影響を及ぼす公衆衛生的側面もあることなどの住宅のもつ特殊性から，厳密に検討されねばならない。社会保障との

関係で住宅問題，住宅保障を検討する場合には，住宅政策すべてを論じることは適切ではない。特に私有財産の形成である「持ち家」促進政策はその対象から除外される。

住宅は人間の生存に不可欠のものである以上，生存権的配慮が必要であり，住居なし―という状態は解消されねばならない。また住居費の過重な負担は，個人の経済的危機を招来するおそれがあり，社会保障法はこれらの点において直接的に関与する。

3　社会保障と労働法

社会保障法は何らの媒介物なしに，すなわち直接的に生存権を実現することを志向する法であるのに対して，労働法は労働契約を媒介に労働者の生存権を保障する法である。したがって労働法は労働契約の当事者である労働者が守備範囲に入る。福利厚生の利用により労働者の家族が恩恵を受けることがあっても，それはあくまでも「労働者の家族」という労使関係の枠組み内でのものである。

社会保障はその適用範囲を労働者に限定していない。生活保障を必要とするリスクはすべての者に存在する。社会保障は，労働契約を媒介にした「労働」「就労」を適用範囲とするのではなく，「生活」に焦点を当てる。

4　社会保障と民法

民法の扶養は，家族関係を起因とする親族相互間の扶助扶養である。

社会保障は，民法のような身分関係に基礎をおく支援ではなく，生存権に基礎をおく社会的支援である。民法の私的扶養（民法752条，877条など）は，社会保障の前提となるものではあるが（生活保護法4条2項など参照），互いに排除的関係に立つものではない。したがって，老人福祉の施設に入所しているからといって，成人した子の親に対する扶養義務がなくなるわけではない。

5　社会保障と行政法

　社会保障のある領域—とりわけ社会福祉—では，国や自治体が前面に出て制度を具体的に実施することがある。その限りで従うべきルールは行政法である。しかし社会保障法と行政法では価値と原理が異なる。社会保障法が追求する価値は個人の生存権の実現であり，その展開の原理は生活保障である。行政法は公益の実現を追求し，公権力の行使をコントロールする原理に従うものである。

6　社会保障と税

　社会保障とは最終的には国家の責任に基づく社会的給付による国民の生活保障制度である。

　一方，租税は国民から国家行為に必要な財源を徴収するためのシステムである。したがって徴収された税金は，社会保障の原資ともなる。所得税は，特に社会保障の財源確保と同時に累進課税方式をとることにより，所得の再分配機能がある。

　このように考えると，社会保障と税制度はコインの裏表の関係にあることになる。社会保障と税制度は本来共通の目的に奉仕する異なる二つのシステムとも考えられ，二つのシステムが矛盾なく機能することが重要である。税制度は社会保障の目的を阻害すべきではないし，社会保障制度が正常な税機能を阻害すべきではない。しかし消費税のような間接税のみならず，所得税にあっても，社会保障受給者に対する特別な配慮が十分なされているとはいえない。

　従来，社会保障法学においては，社会保障の原資獲得のための一つの選択肢としての税制度をみなすきらいがあった。しかし社会保障受給者も当然に課税されており，社会保障法学は，社会保障と税の関係について無関心であってはならない。

第2章 社会保障の本質とは何なのか

1. 社会保障の本質

　一般的に社会保障は，年金や医療保険のように，人々が生活上の困難に遭遇したときになされる公的支援と漠然と考えられている。

　しかしわれわれが社会保障法とみなすものの中には，理屈にあわないものも多数存在するし，制度が頻繁に改正され，結局何が社会保障であるかわからないものも多く存在する。それは法は理論に基づいて制定あるいは修正されることばかりではなく，時の政治的な動向や財政などによって制定あるいは修正され，そのことについては官僚や政府がもっともらしい説明をするからである。かくして現実の社会保障法は夾雑物を多数含み，法の性格も曖昧であり，何を目的としているか不明瞭なものとなってしまっているものも少なくない。

　そのような法律の条文を丸呑みしてもそれは社会保障法を学び理解したことにはならない。まず社会保障の本質を把握し，夾雑物，不純物を捨象しそれを検討しなければならない。

　社会保障の本質とは何なのか。端的にいえば，それは人々が生活上の困難に遭遇した場合に，国家が支援し，生活を保障することである。生活上の困難とは，より詳細にみてみれば，自己実現が阻害されているということである。長期的なものであれ短期的なものであれ，重篤なものであれ軽微なものであれ，人は自己実現が阻害されたときに，生活上の困難を意識する。例えば，失業した人は，収入が途絶え衣食住が立ち行かなくなり，自分の考える快適な暮らしという自己実現が阻害されている。また病気にかかった人は，自己の意思に基づいて自由に行動するという自己実現が阻害されている。

第 I 部　原　　論

　人々が遭遇する困難は多様であるが，突き詰めれば二種類しかない。失業や貧困のように所得に関するものと，疾病や障害のように，自由な意思に基づく行為・行動が阻害され，生活上の不便さ・不都合さを引き起こすものである。
　所得が喪失したり，減少したり，あるいは支出が過剰の場合，人々は所得に関する困難に直面している。この場合，その困難は金銭を支給することによって解決する。このような支援を所得保障という。
　一方，生活上の不便さ，不都合さについては，疾病やケガに対しては医療による治療やリハビリにより，障害に対しては人の行動による支援によって解決を図る。これを生活障害保障という。

表2-1　社会保障の体系

原　因	支援の方法	原因の類型	例
所得の困難	金銭支給	所得の停止	失業，障害，稼ぎ手の死亡
		所得の減少	傷病による休業，障害
		支出の増大・家計の負担	児童扶養（育児費用），介護費用，住宅手当
		貧困	
生活上の不便	現物給付（行動による支援）	短・長期的な行動障害	疾病・ケガ
		長期的または固定した行動障害	障害

　ではありとあらゆる生活上の困難が国家によって支援されるかというとそうではない。遊園地で迷子になった子どもの支援は，遊園地が行う。愛犬の死による飼い主の心痛は本人が克服するしかない。
　生活上の困難であっても国家が支援するものとそうでないものがある。それは社会が，国家による支援が必要である，国家が支援すべきであると意識し，社会がそれを承認するかどうかによる。社会と国家がそれを支援すべきではない，その必要がないと判断すれば支援は行われない。したがって社会保障の対象は，一定の普遍性をもちつつも，社会，歴史が規定する側面があり，国家によって差異がある。

2．生活保障とは何か

　社会保障の本質である生活保障とは，国民一人の生活の全範囲を公的・社会的に支援することではない。社会的に承認された困難な事象に対して，各人の自己決定・自己選択を前提として，社会的に承認される範囲内で支援することである。

　社会保障法における生活保障では，その原因についての自己責任は不問である。それは社会保障が自己のコントロールを超えたものに対する社会的支援であることの帰結である。傷病については，摂生した生活を送り不注意でなければ，それを避けることができる。しかし人間は孤島で暮らしているわけではなく，社会の一員として生活している以上，他者との接触は避けられないし，すべての時間の過ごし方を自分でコントロールできるわけではない。だとすれば感染症や疲労の蓄積による傷病は個人の力では避けられない。

　所得保障についても同様で，40年後に必ず訪れる老後に備えてすべての人は貯蓄しなければならないだろう。しかし将来の40年間には予期せぬできごともあり，自己のコントロールの範囲外のものもあるだろう。それゆえ原因を不問とすることは社会的に合理的である。

　生活保障の期間については，それを必要とする事態が存続する限りは生活保障がなされる。生活保障の期間が無限に続くことになり，惰民養成だとの批判があるが，生活保障を必要とする事態を早期に解消するように社会こそが対応するべきことである。

　生活保障の質量について，生活障害保障（医療的支援，福祉的支援）では常にその全範囲をカバーすべきであり，所得保障については，生存権を確保した上で，従前の所得を保障するか，基礎的な生活を保障するかは，国民的選択や「哲学」の問題である。

　支援については国家がすべてを担う必要はない。最終的責任を社会や国家が負担すればよい。支援によっては国や自治体が行わないほうが適正な場合もあ

る。

　以上のことをまとめれば，社会保障の本質とは，社会的承認を受けた困難に，最終的には国家が責任をもつ，社会的な生活保障，支援の総体であるといえ，社会保障法はそのような社会保障にかかわる法体系ということになる。

　社会保障でもっとも重要なのは支援である。この支援を可能にするための財政や，支援の配給方法は二次的なものである。しばしば社会保障の財源（税か社会保険方式か）の議論が，最優先され，重要視されることがあるが，それは本末転倒な議論である。

3．社会保障法の拡大・拡散

　近時，新たな福祉国家像の提唱とともに社会政策の拡大傾向が指摘できる。社会保障法もそれに歩調をあわせる形で，「ひきこもり」や「孤立」を積極的にその守備範囲とする主張もみられる。

　社会保障法の従来の守備範囲が「要保障事故」の発生によって画される点が消極的であるとして，積極的にその拡大を志向し，ある種の予防まで含ませる見解もあるがそれは危険でさえある。社会保障法が社会的給付を通して，個人に対して国家の望む生き方への強制になる可能性が強いからである。

4．労使関係と社会保障法

　社会保障法において「生活保障」を論じる場合，「労働」という収入稼得の手段については特段の注目をしない。しかし「労働者」にしか生じない事故で「生活保障」を講じる必要のある事態—労働災害と失業—がある。

1　労働災害

　労働災害と失業は労使関係において生じる生活保障を必要とする要保障事故である。労使関係が招来したケガ，病気に対する医療保障は原因と結果の因果

関係が明白の場合が多く，ある意味単純である（ただし職業病や精神疾患の発症については，就労との因果関係の立証が困難な場合が多い）。問題となるのは，所得保障の側面，つまりそれが引き起こす生活困窮である。しかし，労働災害により生じた所得保障事由の生活保障すべき範囲は，労使関係の枠を超えている。生活困窮は労働契約の当事者である労働者にのみ生じるわけではない。労働者自身も，家族や労働者によって扶養される者も，労災や失業によって生活が困窮するのである。この点を直視したときに，社会保障による生活保障の必要性が承認されるのである。

労働契約当事者が引き起こした事故であるが，使用者は契約の範囲内でしか賠償しない。その枠を超えるのが社会保障である。

労働災害の発生に関して，因果関係からいえば，使用者に責任がある。労働契約の契約当事者との関係では，使用者は労働者に対してのみ賠償責任をもつ。しかし家族の生活保障の責任もそれを引き起こした使用者にある。ただ労働契約からは，契約当事者ではない家族の生活保障の責任を引き出せない。その部分は社会保険料拠出という形で使用者の負担を強いることになる。そこに単なる責任保険以上の意義を見出せるのである。社会保険を採用しない場合，要保障事故に対する企業の責任を労災保険制度に反映させるよりは，当事者への確実な生活保障に優先順位をおいたと考えられる。

所得保障の額についても，生活保障という観点に立てば，基礎生活保障か従前生活保障かという異なる二つの哲学がここにも存在する。

2　失　　業

失業，すなわち，労働の意思と能力がありながら職を失うこと——の端緒は，解雇である。解雇とは労働契約の終了で，それ以降，契約関係はなくなる。しかし解雇は契約の一方的な終了であり，また労働者の発意によるものではない。その責任は使用者にある。しかし家族の生活保障全般について個別に使用者が責任をもつとは考えにくい。

労働契約の外部で労働者は，労働力の再生産を強制されている。余暇や睡眠，

休養であると考えている時間も，実は，労働力の再生産のために費やされているのであり，それなくしては労働者は労働力の販売を継続し，契約の債務を履行できないのが，資本主義の仕組みである。資本主義のこの巧妙なからくりに社会が気付いたときに，労働契約を超えた支援が必要となる。

また賃金で生計を支える本人，家族の生活保障という要求も，資本主義の浸透，拡大（＝工場労働の浸透，拡大）に伴って強力なものとなる。これゆえ労使間で発生する，生活保障を必要とする事態を，社会保障の要保障事故と観念されるのである。

社会保障においては，失業期間中の労働者，家族の生活保障と，失業という要保障事由の解消のために，労働市場への再参入のための支援も同時に行われるのが一般的である。

社会保障法給付の原理

　社会保障法の本質は，要保障事故に対する公的給付（支援）である。そして要保障事故の性質が公的給付（支援）の性質を決定する。

　社会保障法は自立阻害に対して，それを軽減・除去するものである。しがって，生命・安全に危険をもたらさない限り，長期的な要保障事故が対象となる。一般的に極めて短期間の事故，困難は直ちに自立喪失や阻害に結びつくことは希だからである。放置すれば，生命・安全に危険をもたらす，ケガや病気や極端な貧困は，短期的な給付・支援の対象となる。

1．医療保障の原理

　医療保障給付は，疾病，負傷など心身の不具合により，自己実現が阻害されている状態を，医学的対応によって，自己実現の回復を目的とする個人に対する支援である。要点は，①傷病，②それによる自己実現の阻害，③医学的対応である。①については，何を傷病とみるかは，その社会と時代により異なる。例えばかつては「悪魔憑き」と思われていたものが，現代では精神疾患とされている。

　ペストや結核などの感染症は，傷病により個人の自己実現が阻害されるが，これらの医学的対応は公衆衛生とみられ，治療と同時に，社会を疾病から守るという側面があり，公権力が発動され，公権力による強制力を伴う対応がとられる。公衆衛生では，社会保障法の中核である生存権が後退する場合があり，社会保障法とは把握されない。

　また医学の進展に伴い，あるいは疾病に対する社会的認識の変化により，医療保障給付に新たに参入する可能性のあるものも存在する。各種依存症や

ADHDなどである。これらはかつては当然には医療保障給付の要保障事故とは考えられなかったが、現在はその一部が医療保障給付の要保障事故と考えられている。

また医療保障給付が医学的対応という現物給付の形態をとるのに対して、所得保障上の要保障事故が、医療保障を規定する法律に存在することがある。医療的な治療そのものではなく、入院などで就業しなかった場合に、それによる収入の減少を補填するための給付である（わが国の健康保険法の傷病手当金など）。これは要保障事故からいえば、医療給付を必要とするものではないが、医療保障制度が労働者のための医療保険から発展した歴史的経緯と労働者の受給上の便宜から健康保険法中に規定されている。

1　予　　防

医療は本来、予防—治療—リハビリの過程を含むべきである。ただし、医療保険の場合、予防については、特定の疾患と予防の効果に密接な関連性がある場合—それを予防しなければほぼ確実に疾患を発生し、個人の自己実現を疎外されるような場合—に限定される。そうでない場合はかえって個人の自立やライフスタイルへの過度の介入となるからである。

したがって社会保障法としての予防は、健康診断とそれに基づく栄養指導など極めて限定された場合ということになる。

2　治　　療

治療とは疾病やケガなどによる自立阻害状態に対して医学的な対応により自立阻害要因を消滅させたり軽減することである。また疾病やケガによる自立阻害状態は、しばしば生命・身体の危険に直結している場合が多く、その医療的な支援・支給は常に「最適な」ものでなければならない。医療では特定の疾患には標準的な治療法が確立している場合が多い。したがって同じ疾病、ケガで同じ状態であれば同じ治療である。これゆえ医療保険の制度によって治療に差異が生じることはあり得ない。

3　リハビリテーション

治癒とは医学的・心身的に疾病，ケガによる生物学的な自立阻害状態が終了・停止した状態を指す。それは日常生活や社会的活動が何の障害もなく送れるかということは直結しない。治癒により生物学的な自立は回復しているが，日常生活や社会生活上の障壁が残っている場合があり，自己実現のための日常生活に必要な動作，行動のための機能回復訓練，社会環境との調整・調節が必要となり，リハビリテーションが必要となる。

生物学的に客観的な状態である治療と異なりリハビリテーションは社会環境の要素が加わることもある。

2．社会福祉の原理

1　社会福祉サービス

社会福祉サービスは，「心身の状態，要因という生物学的要因と社会的阻害要因によって自立・自律が阻害されている人に対する行為による（金銭によらない）支援」である。

より具体的にみれば，①自立・自律が阻害されている当事者の自立実現のために，②生存権理念（「人間の尊厳」や「ディーセントな生活」といった理念も含む）に基づいて，③最終的には公的責任によってなされる，④人的支援サービス（現物給付）である。

社会福祉は個人を管理することではない。したがって自立が阻害されている場面で支援がなされればよい。社会福祉サービスは，食事や移動，入浴などの日中活動の支援，就寝などの夜間活動のそれぞれの局面で，自宅や施設を利用したり入所したりして実現される。自宅ではホームヘルパーにより支援を受ける。利用施設では日中などに施設に通い支援を利用したのち，自宅に戻る（デイケア）。また施設に入所し生活をする入所施設などがあり，これはすべての福祉領域で共通である。

2 福祉の構成

表3-1 社会福祉の概要

目的	内容	制度
生活の一般的な支援	食事，排せつ，入浴などの支援	ホームヘルプ デイケア ショートステイ 補装具の貸与
	情報保障	
	外出，移動	同行支援 行動支援
社会参加支援（訓練）	教育	
	就労	就労移行支援 定着支援
	余暇	
	生活一般	自立訓練（機能訓練・生活訓練）
地域生活への支援		自立生活援助 地域移行支援
問題解決	相談	相談，情報提供
昼夜の支援	施設入所	児童養護施設，特別養護老人ホームなど

現物給付であることから，社会福祉は利用者，サービス供給者，行政の三者関係において実現することになる。

3 社会福祉の基本概念としての障害

社会福祉の本質は，「自立・自律が阻害されている状態に対する社会的支援」である。「自立・自律が阻害されている状態」は，「目的に合致した行為ができない」こととして，外部に表出してはじめて認識される。外部的には「目的に合致した行為ができない」ことは，「障害」として現れる。私たちにとって社会的支援が必要であると認識する事態の原因は，心身の障害であるということになる。したがって，あらゆる社会福祉の基底にあり共通する概念は，心身の障害であるといえる。

社会福祉の法体系は「障害」を中核に，それを基準として社会福祉の諸制度（障害福祉，高齢福祉，児童福祉など）を構成することになる。

例えば「高齢福祉」といわれる制度も，高齢者すべてを支援するのではなく，自立活動が阻害されている高齢者に対する社会的支援が中心であり，「高齢者の障害福祉」であると換言できる。同様に「児童福祉」も，自立活動が阻害されている児童に対する社会的支援が中心である。ただし児童は生物学的に，自立していないのが一般的であるので，「幼者の障害福祉」であることに気が付かないだけである。

「社会福祉法のあるべき体系」は，社会福祉の中核としての「障害福祉」，その高齢者への応用である「高齢福祉」，自立形成過程にあるがゆえに「障害」として発現する「児童福祉」という体系となる。

3．所得保障の原理

社会保障が対象とする所得保障は，長期的な所得に関連する要保障事故であり，収入の喪失，減少，支出の増大などである。わが国では，収入の喪失，減少に対する社会保障給付を「年金」と称し，支出の増大などに対しては「社会手当」と呼ぶことがある。

1　長期的な収入の喪失，減少——老齢，障害，遺族

老齢，障害，遺族については，給付額を定額として受給者の基本的生活を支える額とするか，報酬比例として要保障事故が発生しても生活水準の激変を回避し従前の生活に準じた生活を保障する額とするかという，哲学的な差異がある。わが国には，この二つの混合形態を採用し，基礎年金（国民年金）で基本的な生活を保障し，さらに報酬比例の年金（厚生，共済などの被用者年金）で従前の生活に準じた生活を保障しようとしている。

老齢，障害，遺族年金の給付額は，誰しも経験するであろう老齢期の収入の喪失に対する老齢基礎年金を基準として，障害年金，遺族年金はそのバリエー

ションとして額を決定している。

(1) **基礎年金** 要保障事故の発生があってもすべての人々の基本的生活だけは平等に保障しようというのが，基礎年金である。すべての人々への保障であるので，仕事に関係なく，全国民がこの制度に加入することになる。基本的生活を保障することが目的であるので，給付額は定額となる。その額は，生存に必要な最低額以上のものとなる。社会で生活してゆくにあたり見苦しくない程度の生活が保障されねばならず，社会一般の生活水準を考慮して額が決定される。

保険料も，すべての人々が支払える水準の額でなければならず，拠出可能な水準の定額性となる。

(2) **報酬比例年金** 要保障事故の発生があっても，従前の生活を極度に変えてしまうようなことは望ましくなく，従前の生活に準じた生活水準を保障するべきであると考えると，当事者の報酬に比例した額を保障することになる。市民の生活水準は報酬によって決定されるからである。

この考え方に従うと，要保障事故の発生後にも，各人間の生活水準の差は継続されることになる。例えば，労働から引退した高齢期にも，現役時代に豊かだった者は豊かに，現役時代，貧しかった者は貧しい生活を送ることになる。

保険料についても，報酬比例性となる。

2 短期的な所得の中断

短期的な所得の中断の要因として考えられるのは，労働者の傷病による就労の中断や，育児，介護，看護など家庭責任による就労の中断である。これらは運営上の便宜から，職域の社会保障制度の一部として給付がなされることがある。

3 中期的な所得の中断

中期的な所得の中断の典型は，失業である。失業は収入が中断するが，心身上の労働能力が永久に喪失，低下するものではない。解雇は事業主の経営上の

都合（整理解雇など），労働者自身の責任・理由（懲戒解雇など）があるが，所得保障上のニーズを生じさせる要因でみれば，「就労機会の中断」という側面もある。社会保障制度では「就労機会の中断」中の生活保障の給付と，就職（労働市場への再編入）のための支援が一体のものとして考えられることもある。

給付額についてみれば，定額制と報酬比例制の両方が考えられる。ただ失業がそれまでは就労していたことを前提としていること，心身上の労働能力には変化がないことなどを考慮すれば，報酬比例制が望ましい。

また失業しているわけではないが，就労を中断し所得が停止する場合として，介護，看護などによる休業がある。

4 支出の増大——社会手当

生活に経済的な困難をもたらす要因としては，前述のように収入の喪失，低下，中断のような収入の側面から見たものと，一定の事態が生じることで，収入に変化はないが支出が増大し家計を圧迫するものがある。後者の代表例は児童の養育である。家族手当，児童手当などの名称で呼ばれる社会保障給付で，社会手当などと総称されることもある。

一般的には定額給付で，所得調査などを伴わないものが多く，無拠出制の場合が多い。ただし生活保障論の立場からは，所得調査なし・無拠出制という「社会手当」の特質もさしたる意味はないことになる。

「無拠出年金や無拠出手当の制度は，給付の目的からいえば，従来の社会保険となんらかわるところはない。ただ，拠出制の保険方式によるよりも，無拠出給付の方式にしたほうが，より合理的だと考えられたために，社会保険の形態をとらなかったにすぎないのである。」（荒木誠之『新版 現代の社会保障』同文館出版，1977年，12頁）との指摘が正当であろう。

(1) **児童手当・家族手当** 児童の養育は家計に何らかの負担を強いるものである。かつては多子の場合のみを社会的支援の対象としていたが，こんにちでは，児童養育の社会的重要性に鑑みて，また児童の健全に発展してゆく権利に着眼して，養育する児童の数にかかわりなく支援がなされる。国によっては第

三子以降，増額給付としているところもある。

　一方で児童の養育は「私事」としての側面も否定できず，「私事」への過度の介入を回避しつつ，養育の標準的な支援をするという点から，支給は定額とするのが一般的である。

　(2)　住宅手当　住居に関する各人の経済的負担は選択によって多様である。「持ち家」についてその経済的負担（例えば購入のローンなど）を社会的に支援することは，個人の資産形成に公的に貢献することになり好ましくない。したがって住宅手当は，賃貸住宅に居住する者に対する「家賃補助」という形をとるのが一般的である。

4．最低生活保障の原理

　かつて貧困は個人の怠惰や無計画性が招いたもので個人の責任ととらえられていた。この時点では貧困救済は社会不安，治安紊乱を引き起こすような重篤な貧困層にのみ限定され，救済される者の権利であるなどという観念は存在しなかった。しかしこのような状況は20世紀に入り大きく変化した。国際的な人権意識の高まりや，生存権思想の普及により，貧困者の生きる権利が承認されたのである。このことにより，貧困者への支援はすべての国民の権利であり，それを行うことは国家の義務であると観念されるようになった。このようにして誕生したのが公的扶助である。

　貧困は長期的な収入の喪失，減退や親族など他者からの支援の喪失，減退，極端な支出の増大などによって引き起こされる。私たちは基本的には収入を就労によって得ているので，長期的な収入の喪失，減退は，就労不能や就労能力の低下の状態を意味する。つまり失業や障害，疾病である。一方，親族など他者からの支援の喪失，減退は社会関係の断絶を意味する。

　高齢や重篤な障害，長期的な疾病などによって引き起こされた就労不能や就労能力の減退の状態は，労働市場への復帰（＝就労への復帰）が不可能な場合も少なくない。このような場合には，現金を給付し所得を補填することによっ

て，貧困の問題の解消を図ることができる。

　問題は労働市場への復帰が想定される人々，すなわち労働可能でありながら重篤な貧困状態にある人々への支援である。長期的な失業は，恐慌，不況など労働者の意思や能力と無関係に生じるものや，失業者の労働能力が労働市場の要求と合致しない場合や，失業者が就労意欲（あるいは生活意欲）を失っている場合などが考えられる。このような場合には労働市場への参入のための支援を行う必要があるが，現金を給付することで所得を補填し，目前の経済的困窮を解消しつつ，労働市場への参入のための支援を行う必要がある。この支援は，職業訓練や求職活動の支援のようなものから，社会関係の再構築のような支援まで幅広い支援が必要となる。したがって，公的扶助制度は，最低生活保障のための現金給付と，生活再構築のための福祉サービス的支援の双方を含む。

第4章 社会保障の行財政

1. 社会保障の行政・運営

　社会保障の行政・運営を考える視点は，社会保障の本質である社会的給付をより適切に保障するかである。社会保障は公的給付であるので，一般的な行政の一部として行政機構を活用することになるが，その場合にも，生存権を基礎とする社会保障の展開の独自性を保障する必要がある。

　社会保障の運営に関しては，国，地方自治体，非権力機構の三段階のレベルが考えられる。

1 国家機構

　法の一般的・具体的実施や管理，監督責任を担うのは国家機構である。

　また国家責任が前面に出て，全国規模での給付の均一性，同質性が求められる社会保障給付については国家機構が担うことになる。

　社会保障の具体的な展開については，社会保障審議会など，官庁に設置された審議会が詳細を審議し，実質的には決定することが多い。審議会には学識経験者を含む第三者も構成員となっており，専門的・中立的な議論が期待されるが，その人選は中立ではなく，中立を装った政府の代弁者であることも少なくない。審議会を経由したことが，政府の政策の強行の免罪符になっていることもある。「新議会」といわれる所以である。

　基準策定など，受給者の権利利益にかかわるものについては，受給権者や国民の代表が関与することが望ましい。

2　地方自治体

社会福祉のような人的な行為による支援の場合，利用者にもっとも身近な自治体が福祉サービスの利用調整などを行うことが望ましい。したがって市町村レベルが社会福祉の中核となる。都道府県は，市町村の連絡・調整，研修などの役割を担う。

3　非国家機構

社会保障給付は公的責任であるが，すべてが国家の直営でなければならないということではない。最終的責任を国家が担えばよい。したがってNPOや社会福祉法人，民間組織などに社会保障の運営が委託される。委託に際しては，国家あるいは公的責任が放棄，転嫁されることがあってはならない（社会福祉法61条1項1号）。

2．財源論——社会保険

社会保障の財源をどのようにして調達するかについては，利用者に主に事前の負担を求める拠出制と，特別の負担を求めない無拠出制がある（途上国では国際社会の財政的支援もあり得る）。わが国を含め先進国では拠出制を社会保障財源調達の中心とする国も多く，これらは「社会保険」と呼ばれる制度が中核を占める。こんにち，「社会保険」制度はヨーロッパのみならず南北アメリカ，アジア，アフリカなどほぼ全世界に存在し普及している。それゆえ普遍的価値を有するものと考えられなくもないが，その普及，展開は「社会保険」制度のもつ普遍的有効性や価値を示すことではない。

グローバルな動向に目を転じてみれば，社会保険はかつてほど有効な道具ではなくなってきた。むしろ途上国では，社会保険制度の拡大の可能性は極めて低い。そこでは社会的保護における無拠出制度の重要性が強調されている。また途上国の貧困削減政策についてみるとき，少なくとも研究レベルでは，国際的には社会保険はほとんど顧みられない。

社会保障の財源調達に関して，拠出制とするか無拠出制とするかは，最低生活を保障する公的扶助を除けば，政治的選択，国民的合意の問題である。それは技術の選択の問題であるので，給付目的に適合すると判断され，国民的理解が得られるとされたものが選択される（荒木誠之『社会保障の法的構造』有斐閣，1983年）。その選択は時代状況など多様な要素により決定され，変更される。わが国の高齢者の介護保障のように無拠出制（老人福祉法）が拠出制（介護保険法）に変更されたり，ブラジルの医療保障のように拠出制が無拠出制に変更されることもある。

しかしこのような技術的選択の結果にすぎないものが，何か重大な意味をもつものとみなされ，「社会保険の優位性」や「社会保険による権利性」が論じられることも少なくない。

1　社会保険の定義・特徴

社会保険とは「あらかじめ措定された一定の保険事故に備えるために，一定の者を強制的に被保険者とした上で，保険料を拠出させ，所定の保険事故が発生したときに，あらかじめ規定された保険給付を，受給権者に支給する仕組み」と仮に定義できる。

社会保険とはしばしば保険の技術を社会保障に適応したものと説明されるが，こんにち両者は全く違うものであり，一般的な保険と比較してその異同を論じることにはあまり意味はない。

社会保険の特色は，

①利用するために当事者は，要保障事故の発生前に制度に加入していること。
②あらかじめ要保障事故が規定されていること。
③しばしば保険料拠出が給付と連動すること。
④拠出は社会保険制度のメンバーシップの意味をもつこと。
などである。

「社会保険」は技術である（ラロックの以下の言葉が想起される。「社会保障は一つの目的［objective］であり，社会保険はその目的を達成するためのいくつかの手段

［means］の一つである」［Pierre Laroque, From Social Insurance to Social Security: Evolution in France, *International Labour Review*, vol. LVII, No. 6, 1948, 565 ～ , at p. 568.］）。したがって合目的であれば，あとは選択の問題である。所得保障について「優位な」技術が，社会福祉サービス給付に「優位な」技術であるとはいえない場合もある。「優位性」という言葉のみが現実から浮遊して独り歩きする傾向は正当とは言い難い。

　また社会保険の特徴は二重構造にある。下部に財源機能があり，これは金銭を拠出するという行為で，制度における財源への貢献である。つまり財源の徴収である。上部に制度への加入・帰属という行為がある。この行為は権利へと結びつく。この上下が一体となっているところがミソである。つまり帰属すれども拠出なしでは，帰属とはみなされないのである。いかに連帯を表明しようとも，拠出しない限りは，権利に結びつかない。金銭の拠出がなければ，帰属もない。その点では冷酷な制度である。この冷酷さを克服しようとして，社会保険についてさまざまな擬制がなされる。しかしもっとも適正な解決は，上部と下部の分離である。

2　若干の考察

　社会保障法学では従来，社会保険を積極的に定義してこなかったため一般保険原理の修正として社会保険を考えてきた。このため「保険の限界」を論じることがあったり，社会保険の物神性にひれ伏していた。

　社会保険とは歴史的産物としての性格が極めて強いものである。その発生は，少なくとも初期にあっては，労働者階級の強い要求であるとか，救貧法のような恩恵的給付制度からの脱皮であるというものではない。歴史的事実としての労働保険の成立は，労働者の相互扶助制度に，国家的統合という支配層の意思を注入したもので「上から」降りてきたものにすぎなかった。

　それが労働者階級あるいは中産階級が伸長してゆく過程で，国民一般に対する生活保障のシステムとして転換していったのである。生活保障のシステムとして社会保険が採用され普及した最大の理由は，拠出―給付という関係が市民

法的感覚に合致し，容易に支配層にも国民にも受け入れられたからだといえる。拠出の見返りに給付がなされるという擬制は，市民法秩序と何ら抵触しないからである。また拠出—給付の仕組みは，拠出さえすれば必ず何らかの給付が保障されるという点で，革命的要素は全く含まれていないので，支配層や資本家を脅かす要素も一切ない。労働者，国民にしてみても，救貧制度とは異なり，受給に際して侮蔑されることなしに，拠出さえすればそれを根拠に「権利」として給付が獲得できる望ましい制度であった。

労働保険の成立以前に，労働者の傷病，死亡時の生活を支えていたものは，労働者の自主的な相互共済組織であった。これらの組織は，労働者の可視的な連帯に支えられていた。同じ職場で同じ危険にさらされて就労する仲間に，一事が生じたときにその不幸を共感して支援する。すなわち就労とリスクが可視的に共通し労働者は共感できるのである。

社会保険の意味は，社会保障や社会福祉の財源を，広く保険加入者から徴収するという点につきる。しばしば社会保険方式の方が，拠出と給付の関連性をもつ点で無拠出制度よりも，給付などの「権利性」が強くなり，利用者の主体性を尊重する優れた方式であると主張される（「社会保険の優位性」などといわれる）。現実問題としてそのような実態が生じていることを否定できない。しかし拠出と給付の関連性は，数理的なものから相対的なものへと変化しており，拠出がなくても一定の給付がなされたり，拠出があるのに約定された給付が一方的に減らされることもある。また社会実態としてみても，拠出がないから権利性が低いということもない。社会保障や社会福祉の給付や支援は，個人的な財物や商品の購入とは異なり，自分が対価を支払った方が「権利性」が強くなるというものではない。社会保険方式による社会福祉制度の方が「権利性」が強くなるというのは，社会保険方式が私たちの一般的な日常生活からくる「感覚」に近いものがあり，馴染みがあるという，「感情」の問題にすぎず論理的な帰結ではない。逆に無拠出制度だから「権利性」が弱いということにもならない（例えば，義務教育のように，国家の上位規範に国家の義務であると定めれば，無拠出であっても権利性は高い）。

3 無拠出制

無拠出制度は税金を原資とするもので，受給に際して利用者に事前の拠出がなく，拠出歴も不要である。市民の経済力（拠出負担能力）や帰属集団にかかわらず，平等に社会保障にアクセスでき受給できるという利点がある。この点で医療保障に適した方法であり，医療保障法の原則であるといえる。

3．費用負担

利用時に利用者が一定の金銭を支払うことが義務づけられている制度があるが，このような負担を「費用負担」（自己負担），費用徴収と呼ぶ。

社会保障における自己負担，費用徴収はないのが本来の姿である。現行制度ではほぼすべての制度に費用負担が導入されているが，これは利用者のコスト意識をもたせるためや政府の財政的思惑など，社会保障の本質とは無関係な理由で導入されているにすぎない。社会保障において，利用時に利用者から費用徴収する理論的根拠は乏しい。

特に社会福祉サービスは，本来すべての人間がもっているあらゆる局面での社会参加が，社会の障壁によって阻害されている状況を，削減ないし軽減するものであり，社会の責務である。社会福祉サービスの利用者は，それにより利益を受けているわけではなく，補償を受けているにすぎない。したがって社会福祉サービスは無料であるのが当然である。

費用徴収のパターンには，「応能負担」，「応益負担」，「定額制」がある。

1 応能負担

応能負担とは，負担能力（納税額によって判定）に応じて費用が徴収される制度で，同じサービスを受けても利用者あるいは扶養義務者の収入や課税額によって負担額が異なる。なおこんにちでは中所得層も相応の負担を要求され，その際，負担増の原理として「応能負担」の語が使われるが，本来，「応能負担」は負担減の原理である。児童福祉法の保育所の利用時に支払う保育料がそ

の典型で，低所得世帯の保育料は安く，高所得世帯は高い。

社会福祉が個人の自己実現と自立を目的としている点を考慮すれば，本人の所得を基準に応能負担による自己負担額を算定することが望ましいことになる。

表4-1　応能負担の例

区分	基　　準	負担金月額
1	生活保護受給世帯	0円
2	所得税非課税	0円
3	市町村民税　1円以上5,000円未満	6,000円
4	5,000円以上　25,000円未満	8,800円
……	……	……
6	185,500円以上　202,000円未満	20,700円
7	202,000円以上	32,400円

出典：筆者作成

2　応益負担

応益負担とは，受けた利益に応じて費用が徴収される制度で，サービスの利用量が多くなれば，利用者が自己負担として支払う額も増える仕組みである。利用したサービス料の定率を支払う。介護保険の自己負担がその典型である。

3　定額制

利用者の負担能力などとは関係なく，施設やサービスの1回の利用について一定額を支払う。

第Ⅱ部　総　論

第5章　｜　社会保障の歴史と
　　　　　　　社会保障法学の展開

第6章　｜　社会保障の責任論

第7章　｜　わが国の社会保障法制の概要

第5章 社会保障の歴史と社会保障法学の展開

　現在，私たちの目の前にある法律や制度も，ある日，突然，神が授けたものではない。立法を必要とする事実，社会実態があり，立法府である国会の構成，国民の意識，政治や経済の状況などさまざまな要素が結実したものが法律や制度である。それら立法の背景や展開，歴史を知ることが現行制度の理解には欠かせない。また種々の学説は立法の展開を反映しているものといえるので，その意味でも法の歴史を知ることは重要である。

　学説は，本来，国民の権利の実現のために法を解釈し，批判し，立法の指針を示すべきものである。しかし現実には，学説が侵略戦争に加担したり，国民の権利の抑圧に機能（意図）することもある。学説の果たしてきた正負の歴史を知ることは，社会保障法学の役割を考える上で意味がある。

1. 社会保障の歴史

1　戦前の展開

　わが国の社会保障は，憲法25条を根本原理として戦後，創設，構築され，発展したものである。その意味では，戦前わが国には社会保障は存在しなかった。しかし戦前にもその始原的形態としていくつかの制度は存在したし，医療保険では基本的な枠組が戦後に継承されたものもある。したがって戦前の制度の概要を知ることも重要である。戦前の社会的な支援や扶助の制度は極めて貧弱で，資本主義の弊害を緩和するための最低限度の対応であった。また労働運動や労働組合は立法に影響を及ぼすほどの社会的な勢力にはなっておらず，労働保険の発展を要求する実効的勢力とはなりえなかった。1922年の健康保険法による医療保険制度は存在したが，これは官僚主導でドイツの制度を輸入したものだ

った。

(1) 貧困に対する政策と法　資本主義は市民の自己責任原則と経済原則を貫徹しようとするが，労働災害，低賃金，失業など実際には弊害は覆い隠すことができないほど多い。自己の労働により自己の生活を維持し，自己の幸福を獲得するというのは実は大いなるフィクションである。資本主義社会で資本の競争で利益を得る者は限られている。ケガや病気で働けなくなってしまえば，生き馬の目も抜く資本主義競争社会では脱落者にならざるを得ないし，身体障害者や虚弱な人々，老齢者，児童ははじめから競争から排除されてしまっている。松原岩五郎のルポ『最暗黒之東京』（民友社，1893［明治26］年）や横山源之助が『日本之下層社会』（教文館，1899［明治32］年）で描いた世界である。

　初期の救貧事業は，このような脱落者が蔓延し，社会不安の原因となることに対する治安的発想からなされていた。手厚い保護は惰眠養成になるとして，必要最低限の援護に限られていた。

　1874（明治7）年の**恤救規則**（じゅっきゅうきそく）は，救貧法的な性格をもち，放置することが体制の危機に直結する貧困のみを，国家が救済するものであった。救済の対象は，極貧の独身者で廃疾のため労働不能の者，独身かつ70歳以上で重病または老衰のため労働不能の者，独身で疾病のため労働不能の者，13歳以下の孤児，に限定されていた。給付は当初は米の現品を支給し，のちに米代に相当する現金でなされた。ここでいう「独身」とは身寄りのないものを指す。

　注目すべきは，独身者が対象で，家族や身寄りのある者は給付が受けられない点である。そのようなものは家族や親族によって扶養されるべきだからである。また労働不能者に限定されていることは古典的公的扶助の特徴であるが，労働可能である極貧は「怠惰」の象徴と受け取られたのである。

　恤救規則はその後，**救護法**（1929［昭和4］年，実施は昭和7年から）にとってかわられ，近代的な公的扶助制度に発展する。救護法は，先進国の公的扶助をモデルにして，給付内容を類型化するなどして，より近代的な公的扶助の要素をもつものへと脱皮した。法形式的には，はじめて扶助の公的義務の立場を明らかにし，救護機関，救護費負担を明確にした。その一方で素行不良，怠惰

な者への不支給などの欠格条項が存在し，基調は「家族制度・隣保相互扶助の情誼」にあった。

(2) 医療保険　医療保障の関連では，開明的な官僚らによって，1883年のドイツの疾病保険がわが国にも輸入された。1922（大正11）年に成立した**健康保険法**は，こんにちの健康保険法の「原型」である。ただし施行は大正15年，給付が開始されたのは昭和2年からである。適用対象は製造業や鉱業などの事業で，常時10人以上が雇用される事業所で働く常用雇用の労働者（ブルー・カラー）と，一定年収以下の職員（ホワイト・カラー）に限定され，給付対象は業務上の負傷を含むものであった。医療給付は180日を限度としていた。

民間の事務職員に対する医療保険としては，1939（昭和14）年の職員健康保険法が制定されたが，これは戦争に向けての増産体制，労働力保全，労働者の疲労増加をみこしてのものであり，戦時立法の走りでもある。

自営業者，農民など雇用されていない国民に対しては，1938（昭和13）年に**国民健康保険法**が制定されたが，これは強制加入の制度ではなかった。同法はわが国が本格的な戦争遂行体制に入ってゆくなかで，「健兵」が必要となり，農漁村における住民の健康維持・体力向上が必要となったため，農村住民が気兼ねなく医療機関にかかれるように地域保険制度を導入したものであった。またその運営のために同年，内務省社会局が拡充する形で「厚生省」が設置された。

1941（昭和16）年には，国民健康保険制度の保険料を払えない低所得者，無収入者のための，医療保護法が制定された。

(3) 所得保障法制　所得保障に関しては，戦意高揚の重要な一環として，1939（昭和14）年に包括な社会保険法として成立した船員保険法が年金制度をはじめて採用したが，これを陸上労働者に対して拡大した**労働者年金保険法**が1941（昭和16）年に成立した。適用事業は健康保険法と同じだが，適用対象労働者は工場などの男性労働者のみであり，女性と事務労働者は除外されていた。1944（昭和19）年に**厚生年金保険法**と改称しこの段階で，女性と事務労働者も被保険者とした。年金制度ができたのは戦時中だが，受給者は未だ存在せず，

入ってきた拠出料は戦争の費用として処理された。

(4) **社会事業**　こんにち社会福祉と呼ばれるものは戦前においては社会事業と呼ばれていた。戦前の社会事業は基本的に民間まかせであり、公的事業と呼べるものはほとんど存在しなかった。民間の慈善事業への助成・指導・監督のために1938（昭和13）年に**社会事業法**が成立した。

2　戦後の展開

(1) **占領期**　敗戦により新たな国家としての歩みを開始したわが国にあっては、社会保障もゼロからの出発であった。連合国の間接占領の期間（1945～1952年）、社会保障制度の展開にはGHQ（連合国軍最高司令官総司令部）の意向が色濃く現れた。新たに制定された日本国憲法は生存権を規定しており、憲法25条のもとで社会保障は本格的にスタートし、従来の制度とは意味付けも転換し、社会的支援の性格も一新することとなる。

戦後初期の社会保障の展開は、戦災の対応策としての性格を帯びていた。それゆえ戦争被害者への補償的な意味合いをもつ制度が構築されてゆく。大量の失業者や戦災孤児を念頭においた**旧生活保護法**（1946［昭和21］年）、児童福祉法、失業保険法（1947［昭和22］年）などがその典型である。またそこでは日本政府ではなくGHQが社会保障の展開のイニシアティブをとっていたことを見逃してはならない。

(2) **戦後復興と高度経済成長期**　1952（昭和27）年の占領期の終了とともに、わが国の社会保障は独自の歩みを進める。1950（昭和25）年社会保障制度審議会**「社会保障制度に関する勧告」**は、わが国の社会保障の骨格を提示したものであるが、そこでは社会保障における国家の役割を強調しつつ、社会保険中心の社会保障制度の構築が提言され、これによりわが国の社会保障制度の基本的特徴が決定された。

1950年代からは、社会保障制度の基本的制度を構築する時期であり、1960年代には内実はともかく、国民皆保険・皆年金、福祉立法などの制度創設は一段落し、高度経済成長を背景にさらなる社会保障の発展が期待された時期であっ

た。そして1971（昭和46）年の**児童手当法**の成立でひとまず社会保障の基本制度は出そろった。

1961（昭和36）年に達成され**国民皆保険・皆年金**は，すべての国民が医療と所得保障に関して何らかの社会保険に所属することとしたもので，世界に類をみない画期的なものであった。具体的には，被用者は厚生年金，共済組合年金と，健康保険，共済組合制度に，自営業者など被用者でない者は，1959（昭和34）年制定の国民年金制度と国民健康保険制度に加入することで，全国民をカバーすこととなる。

所得保障に関していえば，皆年金の達成により生活保護のような公的扶助の果たす役割は残余的なものになることが予定された。

社会福祉の領域では，高度経済成長の過程で，核家族化など家族形態の変貌，過疎化など地域社会の変容により，従来のインフォーマルな「支えあい」は解体し公的関与の必要性が増大した。1963（昭和38）年の老人福祉法がその典型である。

(3) 高齢社会の到来　1970年代にわが国の社会保障の基礎構造は完成したといってもよい。例えば1973（昭和48）年は社会福祉施策が本格的に開始され「福祉元年」と呼ばれた。しかし同年のオイルショックで経済は一気に冷却し下落する。社会保障について核となる理念や原理をもたず，分配するパイの大きさに依存してきたわが国の社会保障は，パイの縮小とともに後退してゆかざるを得ない運命にあった。80年代にかけて，高齢化社会の到来（65歳以上の人口が全人口に対して7％を超えると「高齢化社会」というがわが国は1970年に到達した），就労形態やライフスタイルの多様化に対応することが社会保障にも求められることとなった。

1985（昭和60）年の公的年金制度の根本的改革は，わが国の年金制度に大きな変化をもたらした。基礎年金制度が導入され，20歳以上の全国民が基礎年金制度に加入し，基礎年金という1階部分を保持することになり，その上にそれぞれの就労形態に応じ，2階部分の被用者年金をもつことになった。このことで年金の「個人化」が実現した。

また高齢者医療を見据えた最初の取組みは，1982（昭和57）年の**老人保健法**による老人保健制度で，わが国の医療制度ではじめて予防からリハビリまでの包括的医療制度が導入された。これは生活習慣病が疾病の中心となる高齢社会の傾向に対応したものだった。2000年代には老人保健制度は，高齢者の独立した医療保険制度である後期高齢者医療制度に変更される（2006［平成18］年）。

（4）　**社会福祉の基礎構造改革**　　1990年以降，わが国は65歳以上の人口が全人口に対して14％を超え「高齢社会」に到達し（1994年），人口構造の高齢化に伴う社会保障改革の課題は切迫してきた。1995（平成7）年に発表された社会保障制度審議会勧告「社会保障体制の再構築」は副題「安心して暮らせる21世紀の社会をめざして」が示すように21世紀における社会保障制度のあるべき姿を示そうとしたものである。そこでは国民の自立と社会連帯が強調され，国家の果たす役割は後退している。その結果，高齢者福祉サービスについては介護保険制度を導入し，社会保険制度を活用することを選択した。

年金保険に関しては，2004（平成16）年の改正より，現役人口の減少や平均余命の伸びなどの社会情勢にあわせて，年金の給付水準を自動的に調整する「**マクロ経済スライド制**」が導入され，給付水準の抑制と保険料負担の増大という形で超高齢社会（65歳以上の人口が，全人口に対して21％を超えると「超高齢社会」といい，わが国は2007年に到達した）に対応する財政的持続可能性が図られた。また民間労働者と公務員の年金制度を一本化する2015（平成27）年の年金一元化も，制度を統合することで制度を巨大化させ安定させ，財政的持続性の追求を意図するものだった。

社会福祉に関しては，硬直化した福祉制度を，社会構造の変容に対応させるため「措置から契約へ」というスローガンに象徴される「社会福祉基礎構造改革」が実施された。障害者自立支援法（のちに障害者総合支援法）が，障害福祉サービスについて，それまで身体，知的，精神という障害類型ごとに分立していたものを一本化した。同時にケアマネジメントが導入され，社会福祉サービスの定型化，客観化を志向し，障害福祉サービスの供給体制の多様化，市場化が進み，一定の条件で株式会社の進出が可能となり，福祉ビジネスが登場する。

児童福祉に関しては，2006（平成18）年の認定こども園法，2012（平成24）年の子ども・子育て支援法，その後の幼児教育保育無償化制度などは，法律の名称こそ，少子社会に対応しているかに思えるが，待機児童解消の弥縫策であった。

(5) 少子高齢社会　2010年以降は，少子高齢社会の対応に社会保障制度が振り回される形となり，原理的というよりは政策的立法・制度の再設計が矢継ぎ早になされる。重要な法案も国民の合意というよりは政権党の強行採決により決定され，生存権に立脚した議論よりは財源論が優先することになる。「持続可能性」や「全世代型社会保障」というスローガンの下で，高齢者にはさらなる負担を課し（例えば医療保険の自己負担増），若年層の負担を軽減する方向での制度の再設計が進行しているが，ここには広く国民の意思を聴き，国民的合意を見出すという民主主義の基本原則の展開はない。

2．社会保障法学の展開

1　戦前の展開

社会保障制度の発展に対応して，社会保障法学は1950年代に本格的に展開するが，戦前もいくつかの社会政策に関連する法律は存在した。しかしその学問的探究は，「学問の自由」が著しく制限された戦前の体制下ではほとんどなされなかった。官僚による制度解説本を除けば，わずかに**菊池勇夫**（1898-1975）や後藤清（1902-1991）による研究や解説が発表されたのみである。戦前にあっても労働者の権利性に着眼し労働法研究に多くの業績をもつ菊池は，社会保険法について「社会保険法の対象と本質」福井勇二郎編『杉山教授還暦記念論文集』（岩沼書店，1942年）を，社会事業法についての論稿（「社会事業と法律」『社会事業研究』22巻2号，1934年；「我国社会事業立法の発達」『社会事業研究』22巻9号，1934年；「社会事業法と社会法体系」『社会事業研究』23巻1号，1935年など）を発表し，後藤は『労働者年金保険法』（東洋書房，1939年）などを発表した。しかし戦間期には両者とも戦争遂行を賛美する傾向を示した。

一方，実定法を離れ，民法などを中心とする資本主義社会を支える法群である「市民法」の修正として，「社会法」を法哲学的に探究した加古祐二郎（1905-1937，主著に『近代法の基礎構造』日本評論社，1964年）や橋本文雄（1902-1934，主著に『社会法と市民法』岩波書店，1934年）の研究があった。加古の分析視点はマルクス主義理論に基づいていた点が注目される。

夭逝した加古や橋本に比して，菊池，後藤は戦後も研究活動を継続し，一定の影響力をもったが，その戦争責任についての検討は2010年代後半になりようやく着手された（石井保雄『わが国労働法学の史的展開』信山社，2018年）。

2 戦後初期の展開

戦後初期の研究は，主に労働法学研究者によって担われ，労働法学の手法を，社会保障法研究に援用していた。したがって労働法を中心とする社会法研究において圧倒的な影響力をもっていたマルクス主義的アプローチが社会保障法学研究にも強い影響力をもっていた。

この時期，労働法学的なアプローチによった研究者としては，菊池勇夫，沼田稲次郎，吾妻光俊，荒木誠之，佐藤進，片岡曻，籾井常喜らがいる。労働法学的なアプローチとは異なる手法からの研究として，小川政亮（公法，社会政策），西原道雄（民法），角田豊（社会政策）らの研究を挙げることができる。

商法・労働法の研究者である石井照久は社会保障法学という独自の学問領域の成立に否定的であり（石井照久『労働法総論』有斐閣，1957年），1957年に戦後初の研究者の手による社会保障法の教科書（『社会保障法』有斐閣）を執筆した吾妻光俊もその成立に懐疑的であった。

この時期の研究の特徴としては，以下の点を指摘できる。

① （史的唯物論，弁証法，土台―上部構造といった枠組みにより資本主義の法体制・法構造を分析・検討・批判する）マルクス主義的アプローチが労働法を中心とする社会法研究では圧倒的な影響力をもっていた。それは**ラートブルフ**（Gustav Radbruch 1878-1949），**ジンツハイマー**（Hvgo Sinzheimer 1875-1945）というドイツ労働法の系譜が日本の戦後労働法学に強い影響を与えていたことの反

映であり，この労働法学研究の動向が社会保障法学研究にも投映していた。

② また生存権の重視・圧倒的優越性もこの時期の特徴といえる。当時の状況では，憲法25条に規定された「生存権」によって脆弱な基盤しかない社会保障を構築・展開・前進させるしか方法はなかった。

③ さらに，公的扶助への強い関心も挙げることができる。この時期，なお社会政策の重要な課題は「貧困」であった。戦後の貧困層はいわば「戦争被害者集団」として意識され，戦前の日本の社会政策立法を推進していた開明的官僚は，戦中，戦争遂行に荷担し，国民への「加害者」であった。これらの意味で，生活保護は国家と国民・人民の対決の場でもあった。

そしてこの時期の体系論としては，官僚が限定的に把握しようとした社会保障の範囲を広げるという意図のもと制度別体系論（のちに解説）が提唱された（佐藤進『社会保障の法体系［上］』勁草書房，1969年；林迪廣・古賀昭典『現代社会保障法論』法律文化社，1968年）。しかしその意図にもかかわらず，のちには「体系論」としての意義を失った。

この時期の社会保障法学は，社会保障受給権の確立が焦点であった。**小川政亮**（1920-2017）は社会保障法学においてはじめて権利論を本格的に展開した（小川政亮『権利としての社会保障』勁草書房，1964年）。小川は社会保障の権利を，憲法的あるいは前憲法的な基本的人権（規範づける権利）と，法律的な権利（規範化される権利）に分け，前者は生存権保障のための社会保障体制の実現を要求する権利であり，後者は社会保障立法により具体的に一定内容の社会保障給付を要求する権利であるとする。法律的な権利は，中心となる実体的給付請求権，受給にあたり適正な手続きが保障される手続的権利，受給について争うことができる自己貫徹権（争訟権）に分けることができるとした。小川の理論は学界のみならず，社会運動，裁判闘争において強い影響力をもった。

3　給付別体系論

一方で本格的な制度展開を見据えて，多様な制度を統括する理論が体系論として**荒木誠之**（1924-2015）によって提唱された（荒木誠之「社会保障の法的構造

第Ⅱ部　総　　論

――その法体系試論［一］［二・完］」『熊本法学』 5 号，1965年， 6 号，1966年。のちに荒木誠之『社会保障の法的構造』有斐閣，1983年にまとめられた）。

　わが国が経済成長期に入り，パイの拡大を前提に社会保障施策が徐々に展開してゆくような状況下で，荒木誠之は，社会保障の展開の道筋をつけ，労働法学から社会保障法学の独自性の確立を志向し，社会保障の法体系的把握を試みた。生存権の実現を目的として展開される多様な社会保障制度を，「法的に一つの体系として把握」するために，社会保障制度の対象領域に属する人々の異質性を「生活主体」と把握し，これを社会保障の法主体として措定した。

　そして社会保障を構成するとされている諸制度のもつ，制度的多様性を，社会保障の本質についての観点から，体系化した。

　それは，〈要保障事由のもつ保障ニーズの内容・性質と，これに対応すべき保障給付の内容，性質に着目する〉体系論（給付別体系論）で，社会保障法を所得保障法と生活障害保障法とに二分し，前者は生活不能給付と生活危険給付からなり，後者は医療給付と社会福祉給付からなるとした。そして従来は重視されてきた「社会保険」について，それは財源調達の一つの手段にすぎないとした。

　のちの社会保障制度の発展は，給付別体系論によってもっとも適切に分析できたことから，学界では給付別体系論が主流となり，通説的地位を占めてゆく。

　1970年代になると大学などで「社会保障法」の講義が開講されることが増え，教科書も発刊されるようになる。単著の代表的なものとして**籾井常喜**（1931-2019）の『社会保障法（労働法実務大系18）』（総合労働研究所，1972年）がある。籾井は，給付別体系論が「技術の問題」として捨象した給付の財源方法について，要保障事由との間に一定の合理的・必然的関連性を見出した。

　籾井常喜は，社会保障が対象としてきた生活事故の性格や種類を分析し，生活危険，生活障害，生活不能という要保障事故を析出する。社会保障による貧困化の契機となる生活事故ないしは貧困への対応は，「社会保険」「社会扶助手当」「社会福祉事業」「公的扶助」という類型が歴史的に形成されてきた。それらは保障方法の技術的概念ではあるが，必ずしも恣意的・便宜的なものではな

く，社会保障が対応する生活事故の種類に見合い「それなりの」合目的性を担っていた。

したがって，籾井は「法学的考察」にあたって保障方法の類型は，荒木理論のように「本来重要な意味をもたない」といいきれるか疑問であるとする。歴史的にも保障方法のパターンは，要保障事故の性質・程度に見合ったそれなりの類型に対応し編み出されてきた。また社会保障の権利の規範構造は，保障方法を抜きにしては考えられず，生存権の発現形態としての保障方法を媒介としてそれぞれ具体化される権利の規範構造こそが問われなければならない。その意味でも，社会保障の法理論体系化の前提作業として社会保障法制の制度的類型化にあたって保障方法のパターンによる分類は有意義であり，むしろ不可欠だとする。

高藤昭（1929-2013）は，それまで社会保障の副次的原理とされていた「社会連帯」を社会保障の基本原理とした（『社会保障法の基本原理と構造』法政大学出版局，1994年）。高藤の研究は，従来，影響力の強かったドイツ法研究から距離を置き，フランス法や広くヨーロッパ，国際労働機関（ILO）の動向を積極的に接収した点に特徴がある。

意識的に体系論を論じてきた高藤昭は，社会保障法を所得保障，健康保障，住宅保障に三分類し，住宅保障をわが国ではいち早く体系論に位置づけた。一方で，初期には社会福祉サービスを社会保障法の範囲から除外した独自に体系論を展開した。

なお1977（昭和52）年に日本社会保障法研究会が設立され，1982（昭和57）年には日本社会保障法学会に発展した。日本社会保障法学会はその設立にあたり，日本労働法学会の協力と支援があり，会員も重複することが多かった。例えば，労働法，法哲学の**沼田稲次郎**は日本社会保障法学会においても強い影響力をもった。一方で日本社会保障法学会は既存の法律学会とは異なり，法学研究者のみならず，経済学，社会政策の研究者やソーシャルワーカーなど現場実践を支える職種の会員も擁していた。

4 80年代以降の社会保障法学

　オイルショックを経て，1980年代に入ると，社会保障立法は，社会福祉領域で活発な展開を見せ，所得保障領域では基礎年金制度の導入など年金法制の根本改正が進行する。同時に社会保障の見直し＝縮小が進行してゆく。90年代には社会保障の「再構築」が課題となり，後半には社会福祉領域で基礎構造改革が展開された。

　これを社会保障法学の研究と絡めてまとめれば，1980年代中盤から，①男女雇用機会均等法，労基法改正をめぐる労働法・学の「失速」，②1989年以降の「ベルリンの壁」の崩壊（「東欧社会主義国」の解体），「五五年体制」の終焉，「連合」結成，マルクス主義（的）法学の「見直し再検討」，③95年社会保障制度審議会勧告，介護保険制度の創設（社会保険制度の採用，「措置から契約へ」），④社会保障構造改革（「措置から契約へ」，自立支援法，ケアマネジメント）など大きな変化があり，これらの動向は，社会保障を研究対象とする社会保障法学に影響をもたらした。

　特に，「壁」崩壊，「五五年体制」の終焉は，それまで社会保障法学研究者の間で一定程度の影響力のあったマルクス主義（的）法学研究にも変化をもたらした。社会保障法研究者でも反＝脱＝無マルクス主義的アプローチをとる者が増加し，社会保障法学会の会員構成も変化した。

　2000年代に入ると，社会福祉の領域で「自立」がクローズアップされ，社会保障法学の大きな論点の一つとなる。

　また介護保険の実施など社会保険の果たす現実的役割が大きくなり，社会保障の供給主体の多様化が一層顕在化した。さらに国家財政の視点から社会保障費用への削減圧力など（年金制度における「マクロ経済スライド」の導入など），社会保障法に新たな局面が訪れ，社会保障法研究にも従来の研究とは大きな転換を示すものが登場する。

　河野正輝は，社会保障に見られる多様な法的手段に着眼し，「自立」を核とする「目的別体系論」を提唱した（河野正輝「社会保障法の目的理念と法体系」日本社会保障法学会編『学会講座社会保障法1　21世紀の社会保障法』法律文化社，

2001年)。「目的別体系論」によれば，その目的が「自立」である法律は社会保障法として再構成でき，社会保障法の範囲は従来のものより大幅に広がり，その後も多様な法律の展開によって社会保障法は拡大を続けることになる。

菊池馨実は，社会保障法の目的は「個人が人格的に自律した存在として，主体的に自らの生を追求すること」（＝個人的自由）の確保であり，社会保障は「自立した個人の主体的な生の追求による人格的利益の実現のための条件整備」であるとした（自由基底的社会保障法論）（菊池馨実『社会保障の法理念』有斐閣，2000年）。憲法13条，個人の自己決定権などを積極的に社会保障に位置づけ，ここでは受給者も「主体的な個人」として，社会保障制度に貢献することが求められることになる。菊池の理論は「主体的な個人」と社会保障制度への「貢献」を結びつける点で従来の社会保障法学研究に大きな転換点をもたらすものだった。

河野，菊池の研究は，21世紀の社会構造の変容を視野に入れて，従来の社会保障法学に拘泥されない意欲的なものであると評価できる一方，社会保障法の外縁は溶解し，社会保障法の独自の理念や原理は捨象され，多様な政策をまとめたにすぎないという批判が可能である。

社会保障法学はその時代の要請に応えるべく理論的展開を遂げてきた。

社会保障法が対象とする社会保障は，基本的には国民の生活保障のシステムであるので，「生活」のありようの変化に直接的な影響を受ける。今後の50年はおそらくこれまでの50年とは異質のそして急速な変化が―例えば，地球温暖化，激甚災害の増加，地域社会と家族の解体，労働の質的変化など―，われわれの社会に生じる。それがもたらす生活の変化に対応し，人々の国民の生存権保障を実現するための法理論を構築することが社会保障法学に求められる。

考慮しなければならない事項として，グローバリゼーション，人口構造の変化，地球温暖化，AIや第4次産業革命（デジタルエコノミー），科学技術の進展，持続可能性などが挙げられるだろう

今後，社会保障法が直面し，対応を迫られる課題とは何であろうか。

新たな課題として第一には，社会保障法制が前提としていた諸条件の変化が

ある。家族や労働のあり方の変容で，例えばAIや第4次産業革命など就労なき世界は，安定し固定的な就労に基礎をおくビスマルク型社会保険の有効性に疑問を投げかけている。また東日本大震災以降，わが国は激甚災害多発地域となり，今後，わが国は激甚災害に見舞われることは避けられない。このような"自然あらぶる国"で，長期的安定が前提となる制度の有効性もまた再検討の余地がある。激甚災害あるいは人口減少による市町村など住居地域の消滅などにより崩壊する社会制度，あるいは不安定な社会制度の下で実現可能な社会保障とは何か。社会保障それ自体が全面的に崩壊するのであれば，社会保障の概念にベーシック・インカムを包摂する，あるいは社会保障の概念のソーシャル・プロテクションの概念への切替えも視野におくことも必要となる。

　また地球温暖化による食料品価格の高騰や農業の崩壊，農業従事者の「失業」，亜熱帯性の感染症の頻発，さらに温暖化への対応の責任をわが国も迫られるとすれば，大量の難民受入れなどを将来的に考慮しなければならないであろう。

　第二の課題として，既存の要保障事故（給付対象）の変化・変質と，新たなニーズの現出である。「自立」の重要性に対する認識の高まりは，既存の要保障事故の概念の拡大ないし修正を求めることになる。例えば，生活困窮者自立支援法は，従来は貧困線以下の所得層にのみ生活相談という形で「貧困」に介入していた社会福祉的支援（生活保護法）が，最低生活線以上の生活階層でも相談・支援を行うという形で拡大された。一見すると「貧困」への転落防止のための装置のように見えるが，本質は社会生活の「自立」の支援であり，これらは生活保護法によるケースワークの延長線上にある。逆にいえば生活保護法のケースワークは，生活困窮者支援のケースワークの延長線にあり，その連続性が検討されるべき点であろう。

　さらに医学技術の進歩は，新たな疾病や不適合への対応を可能とした。発達障害，性同一性障害，ネットゲーム依存症など新たなニーズを承認させている。さらには，ひきこもり，ニートなどを支援対象とするか否かの議論も惹起されている。

人口高齢化は，中高年を中心に疾病構造の変化をもたらす。急性疾患から生活習慣病中心へと疾病構造が変化し，しかもそれが重複化するパターンが増加する。このことで包括的医療の必要性は増すが，包括的医療は突き詰めてゆけば，健康維持，予防という従来の「公衆衛生」の領域にまたがるものであり，その一部を社会保障の法理でカバーするものととらえるか否かがさらに問題となる。

これらの新たな課題は，社会政策立法の拡大をもたらし，これまで以上に多様な社会的給付を招来し，ある意味では混乱ともいえる状況が現出する。そのような状況に整理序列をつけなければ，社会保障法および社会保障法学は雑多な社会的給付の集合体でしかなくなってしまう。ここに社会保障法の範囲論を含めた体系論の必然性がある。個々の政策の作り上げる全体像をどのようなものと考え，わが国の憲法秩序の下でその政策をどう生かすかを考える必要がある。

さらに憲法25条の再検討・再評価が必要である。近年，憲法25条，生存権論に対してはその限界が強く批判されている。受給者を「保護の客体」たらしめた，国家主導の社会保障制度に結びつけた，財政論に踏み込めないなどの批判がある。しかし最高規範としての憲法25条の果たす役割は大きい。まずここから出発する必要がある。必要であれば，25条にこんにち的意味をもたせることも不可能ではなく，必要でもある。

また体系論の議論にあたり，社会保障の本質と技術とを峻別する必要がある。社会保険，ダイレクトペイメントや条件付き所得給付（CCT）など社会保障の技術革新と，社会保障給付の本質の峻別である。例えばダイレクトペイメントは，利用者の自己決定権を一層強化する可能性はあるが，一つの技術でしかない。これを過大評価し，体系論の検討にあたり考慮することは，体系論を社会保障の本質から乖離させ迷走させることになる。

第6章 社会保障の責任論

1．社会保障の責任主体

　社会保障は，宗教的な慈善や一時的な恩恵，家族関係や特定の集団内部での相互扶助，慈恵ではない。社会保障は，自立のために何らかの支援が必要であると社会が判断した一定の状態にある（要保障ニーズ）人々に対する社会的な給付である。

　それは，公的責任によって担保されている。社会が責任をもつ扶養であり，最終的には公的責任による社会的給付である。この公的責任とは一般的には，政策立案とその実施の政策責任と，一定の事業が適切に運営されるよう，制度全体の運営に対する管理運営責任とに大別される。

2．社会保障の法源（法的根拠）

1　自　然　法

　人間が人間らしく生きること，それを社会が保障することは，もはや「自然法」のレベルに達している。自然法は「人間又は人間社会の本性に基づいて成立するとされる規範」（『新法律学辞典［第3版］』有斐閣，1989年）と考えられてきたが，資本主義社会の過酷さが認識され，その修正の必要性が広く認識されるなかで，現代の「自然法」が成立したといえる。1601年のエリザベス救貧法をこんにち的な〈社会保障法〉と認識することは無理だとしても，19世紀のドイツにおける労働者保険の展開（1883年 疾病保険，1884年 労災保険，1889年 老齢・障害・遺族年金保険法）や1891年のデンマークにおける老齢年金法を嚆矢と

する無拠出制年金制度の展開，1917年のメキシコ憲法や1919年のワイマール共和国憲法における社会権条項，戦後の世界人権宣言，国際人権規約における社会保障・社会保障の評価を考慮すれば，人間が品位ある生存を維持することが「新たな自然法」であることは否定できないだろう。したがって，生存権が一国の法規範として存在するか否かにかかわりなく，生存権は人類の普遍的権利であるといえる。

2　国際条約——国連条約，ILO条約

国際連合は人権についての国際条約を採択している。その中で社会保障の条項を規定している場合，それは社会保障の規範となる。難民条約，障害者の権利条約などがその典型である。

これに対して**国際労働機関**（ILO）やヨーロッパ連合の社会保障に関する条約は，国連条約の定める基準より高い，「高度基準」と呼ばれるものを規定することが多い。国際労働機関や国際連合などの国際機関が採択された社会保障の条約は，わが国の社会保障法の展開に大きな影響力をもつ。

3　憲　　法

憲法25条は，1項ですべての国民に対する健康で文化的な最低限度の生活を営む権利を賦与し，2項で国・地方公共団体の社会保障，公衆衛生，社会福祉の維持・向上の努力義務を課している。1項の「健康で文化的な最低限度の生活」については，従来は「貧困」，すなわち経済的困窮の問題としてのみ考えられる傾向が強かったが，1項を経済的な意味での「最低限度の生活」に限定する必要はない。寝たきりの独居高齢者が週1回しか在宅福祉サービスを利用できないといったような福祉サービスの最低水準が保障されない状態は，「健康で文化的な最低限度の生活」を充足していないといえる。

憲法98条1項は，憲法の最高法規性を規定しており，憲法に反する法律，命令などは効力を有しないとしているので，憲法25条が社会保障行政の最高法規であり，根本原理ということになる。

しかし国家責任について規定しているのは，憲法のみではない。憲法98条2項は，わが国が締結した条約と「確立された国際法規」は遵守されるべきことを規定しているため，社会保障に関する条約でわが国が批准したものや，「確立された国際法規」は遵守され，国内法と同等の効力をもち，国家は一定の作為を要求されることとなる。例えば，国連「児童の権利に関する条約」は，1994年にわが国も批准しているので，この条約に反する国内法や命令などは効力をもたないことになる。多くの場合，条約批准に伴って国内法の改正・整備が行われるが，仮に国内法の範囲内で制定された条例に，条約に反する内容が含まれていた場合，この条例の当該部分は効力を有しないことになる。

憲法はまた地方自治に関する規定を置き，地方自治体の自主立法たる条例の制定権を地方自治体の議会に認めている (憲法94条)。この規定により憲法は地方自治体に一定の範囲で，社会保障の権限と責任を賦与している。これを受けて地方自治法は，住民の福祉推進を地方自治体の責任としている。介護保険に見られる「上乗せ条例」「横出し条例」などがこの実現形態である。

なお憲法89条は，公金その他の公の財産を，公の支配に属しない慈善，教育もしくは博愛の事業に対して支出することを禁止している。本条は，公的統制の下におかれた社会保障事業に補助を行うことまでも禁止しているものとは解されず，したがって一定の公的コントロールの下で民間社会福祉事業に補助が可能であると解されている。このことによって，国または地方公共団体は公的責任の履行に一定の方向づけを与えられていることになる。

4　憲法25条についての学説・判例

(1)　**憲法25条の法的性格**　憲法25条1項が規定する生存権の権利性の問題については若干の検討が必要である。

憲法25条の規定する生存権の法的性質については，**プログラム規定説**（政治的・道義的宣言説）と，法的権利説（抽象的権利説と具体的権利説）とがある。

プログラム規定説とは，憲法25条は国政における国家の道義的義務，目標を宣言したものにすぎないとする見解である。この見解に立つと，憲法25条を裁

判基準として援用すること（裁判規範性）はできないことになる。これは憲法25条の「原型」といわれるドイツの**ワイマール共和国憲法**の151条1項「経済生活の秩序は，すべての者に人間たるに値する生活を保障する目的をもつ正義の原則に適合しなければならない」の解釈として生まれてきたドイツの学説を，日本に直輸入したものである。しかし151条1項のこの条文は，ワイマール憲法の「5章・経済生活」の冒頭にあった総則的規定であり，かつこの条文自体は本来的に権利を賦与する条文ではなかった。わが国の憲法25条1項は「健康で文化的」という，より具体性のある文言であり，ワイマール憲法の151条1項と同様に考えることはできない。したがってこのような条文の解釈学説を，明確に「権利」の文言をもつわが25条に援用するのには問題がある。

憲法25条の規範性などが争点となった重要な事件に，**朝日訴訟**がある。結核療養所に入院して生活保護を受けていた朝日茂氏に対し，実兄から1500円の仕送りが始まったことで，市福祉事務所が生活保護の生活扶助（最高月額600円の日用品費）を打ち切り，1500円の仕送りから生活扶助相当額の600円を朝日氏の手元に残し，残額900円を医療扶助費に充当する旨の生活保護変更決定処分を行った。

この保護変更決定処分を不服とし朝日氏は，不服申立て，再審査請求を経て，1957年8月12日に，日用品費月額600円では日常の身の回りの用を弁ずるために要する経費として全く不足であるばかりか，患者が生命と健康を守るために補食を不可欠とするのに，それを認めないのは憲法25条および生活保護法に違反するとして，厚生大臣の裁決の取消しを求める訴訟を提起した。

「朝日訴訟」の中心的争点は，憲法25条の「健康で文化的な最低限度の生活」とは何かという点である。東京地裁判決（昭和35年10月19日）では，現行の保護基準は，生活保護法にもとり，健康で文化的な最低限度の生活を保障した憲法25条の精神に反する，として原告・朝日氏が勝訴した。東京高裁判決（昭和38年11月4日）では，「健康で文化的」の具体的な判断基準は，事実上，厚生大臣の自由な裁量にゆだねられ，当不当の問題は生じるが違法か否かの問題は生じない，として控訴人（国）が勝訴した。1963（昭和38）年11月20日朝日氏は最

高裁に上告したが，翌年2月14日死亡したため，最高裁では生活保護訴訟の承継の問題が新たな論点に加わったが，最高裁が訴訟の承継を認めなかったため，訴訟承継以外の争点は2審で決着がついたといってよい。

しかし事案の重要性に鑑みて，最高裁判所は判決（昭和42年5月24日）において憲法25条の性格について以下のように判示した

憲法25条の法的性質について，1項は，「すべての国民が健康で文化的な最低限度の生活を営み得るように国政を運営すべきことを国の責務として宣言したにとどまり，直接個々の国民に対して具体的権利を賦与したものではない。」すなわち国家は，国民一般に対して概括的にその責任を負いこれを国政上の任務としたが，個々の国民に対して具体的，現実的な義務を有するものではない。具体的権利としては，憲法の規定の趣旨を実現するために制定された生活保護法によってはじめて与えられたというべきである。

この最高裁の判断は，児童扶養手当と公的年金との併給を禁止する児童扶養手当法4条3項3号の違憲性を争ったいわゆる**堀木訴訟**最高裁判決（昭和57年7月7日）でも維持された。堀木訴訟では，社会保障，社会福祉に関する立法にあたり国会はどこまで裁量を行使できるのかが争点となった。最高裁は「憲法25条の規定は，国権の作用に対し，一定の目的を設定しその実現のための積極的な発動を期待するという性質のもの」であるとし，プログラム規定説を踏襲し，この「規定の趣旨にこたえて具体的にどのような立法措置を講ずるかの選択決定は，立法府の広い裁量にゆだねられており，それが著しく合理性を欠き明らかに裁量の逸脱・濫用と見ざるをえないような場合を除き，裁判所が審査判断するのに適しない事柄であるといわなければならない」と判示した。

なお憲法25条の外国人適用の問題に関しては，近年不法就労外国人に対して社会保障が適用となるかの訴訟が起こされている。憲法25条の外国人適用の問題に関しては，25条中の「国民」という文言にとらわれないとする見解が多数説である。生存権は人類普遍の原則であり，社会保障における内外人平等の原則は確立された国際法規とする見解もある。またこの問題は，憲法14条の問題でもある。

廃疾認定日において日本国民ではないとして旧・国民年金法の障害福祉年金の年金裁定請求を却下した大阪府知事の決定をめぐるいわゆる**塩見訴訟**で，「社会保障上の施策において在留外国人をどのように処遇するかについては，国は，特別の条約の存しない限り，当該外国人の属する国との外交関係，変動する国際情勢，国内の政治・経済・社会的事情等に照らしながら，その政治的判断によりこれを決定することができるのであり，その限られた財源の下で福祉的給付を行うに当たり，自国民を在留外国人より優先的に扱うことも，許されるべきことと解される」。したがって，障害福祉年金の支給対象から在留外国人を除外することは「立法府の裁量」で，立法府の裁量に属することがらは，差別の合理性が否定されず憲法14条に違反しない，と判示した（最高裁平成元年3月2日判決）。

(2) **判断過程論**　社会保障行政や立法に関しての司法審査，司法判断には極めて困難が伴う。政治的判断が介入することや憲法25条がプログラム規定と解釈されていることなどがその原因である。社会保障をめぐる裁判では，ほとんど行政や立法の追随としか思えない判決が定着しつつあった。しかし近年，裁判所の判断枠組に新たな傾向がみられる。それは行政や立法の下した結論の決定過程をチェックし，そこに不備や不十分さがあった場合に，それらの判断，決定を違法とするものである。問題はそれらの決定過程の適正さをどのように判断するかである。審議会における議論を平板になぞるだけの形式的な検討では，現状追認以上の判断が裁判所から下されることはなく，立法，行政のアリバイを司法が容認することにしかならない。

(3) **最高裁に対する疑問**　最高裁判所は敗戦直後の刑事事件の判決（昭和23年9月29日，食糧管理法違反事件）で憲法25条プログラム規定説を採用しこんにちまで維持している。刑事事件で憲法25条が援用されるという特殊な事例で採用した見解を，正真正銘の社会保障事件においても維持し続けることには無理がある。憲法25条がプログラム規定だとしてしまえば，立法府や行政府によるプログラム達成の手法は，すべてそれぞれの裁量の範疇に入ることになり，およそ社会保障制度についての司法審査は存在しないことになる。事実，最高

裁判決はそのことを示している。

憲法制定当時の社会状況を考えれば，憲法25条がそれのみを根拠に直接個人に給付の請求権を付与したものと考えるのは，社会的妥当性に欠く結論となったかもしれないが，こんにちなおプログラム規定説に固執するのは，司法の過剰な自己抑制である。

(4) 社会保障法学における憲法25条批判　近時，一部の社会保障法学者のあいだで憲法25条に対する批判が高まっている。憲法25条が社会保障利用者を保護の「客体」としてしかとらえず，利用者の「主体性」を捨象している，社会保障の費用負担の原理を導きだせないなどといった批判である。憲法25条だけを社会保障の根拠とすべきではなく，憲法13条の「自由」の実現にこそ，社会保障の本来の意義がある，という主張もある。

しかし，憲法25条は社会保障の利用者は保護の「客体」にすぎず，自主性を発揮できないなどとは規定していない。利用者を保護の「客体」としてきたのは，社会保障行政とそれに追随してきた一部の研究者である。また憲法の条項の多くは抽象的で，憲法25条だけが社会保障の費用負担の原則まで規定する必要があるとはいえない。もっとも憲法25条2項を素直に読めば，社会保障の費用負担は無料とするという原則が出てくる余地がある。

憲法13条がすべての基本的人権にかかわる包括的条項である以上，当然，社会保障もその射程範囲に入る。しかしだからといって包括的な人権規定である憲法13条を，社会保障において過大評価することは，現実社会の種々の問題を隠蔽することになる。憲法13条はおよそありとあらゆるものの根拠となり得るものであり，それを社会保障の範疇に流し込むことになり，社会保障の独自の領域は溶解し意味を失い，一般的な政策と同じことになる。

またそもそも憲法制定段階の議論では，13条が存在してもこれとは別に生存権条項の挿入の必要性が議論されていた。社会保障は憲法25条を直接の根拠として，具体的な政策や支援の局面で憲法13条を考慮に入れられねばならない。

わが国の社会保障法制の概要

わが国の社会保障制度を図示すれば以下の通りである。

表7-1　社会保障制度の概要

	保障事故	給付形態	法　制	財　源
生活障害保障	ケガ，病気	医療	健康保険法，国民健康保険，高齢者医療保険，労災保険法	社会保険
			生活保護法	無拠出
	発達障害	社会福祉	介護保険法	社会保険
			児童福祉法，障害総合支援法	無拠出
所得保障	老齢	定期給付金	国民年金法，厚生年金法，共済	社会保険
	障害		国民年金法，厚生年金法，共済，労災保険法	
	遺族			
	育成		児童手当法	無拠出
	失業		雇用保険法	社会保険
	貧困		生活保護法	無拠出
	収入の中断		雇用保険法，育児介護休業法	社会保険

　ここからわが国の社会保障制度は社会保険方式が中心となっていることがわかる。

　わが国の社会保障法制で社会保険が中心を占めたことは重要な意味をもつ。しかし戦後の社会保障の実質的な出発にあたって，詳細な議論があったわけではない。既存の社会保険の制度をそのまま黙認し社会保障へと「接ぎ木」したに過ぎない（健康保険法，国民健康保険法）。

　特にわが国の医療保障が社会保険方式を採用したことの問題点は大きい。第一に，社会保険はあらかじめ保障対象とする保険事故を「健康でない・治療を

要する状態」と，想定するため，健康診断を含む予防やリハビリテーションに対応できない。

　第二に，社会保険から排除されてしまうと，本来平等であるはずの医療に不平等が生じている（刑事施設収容者や生活保護受給世帯）。

　医療保障であっても，あるものは社会保険方式であり，あるものは無拠出である。さらに一部は，労災保険法のような労使関係に基盤をおく制度による場合もある。

　また介護を除けば社会福祉では社会保険方式を採用していないため，社会保険方式が中心である医療と福祉の連携が十分でない。福祉の間でも，介護とそれ以外の福祉の連携がとれない。

　所得保障では社会手当について，普遍性に乏しいことや，住宅手当が実質的には存在しないなどの欠点が指摘できる。

　以下にわが国の制度上あるいは学説上，特別な位置づけが与えられている二つの領域について概観しておく。

1．労働災害

　就労中のケガや就労に起因する病気などの労働者災害については，生活保障の観点から社会保障による社会的支援がなされる。

　労働災害は，労働契約に基づく労働者と使用者の労働関係の上に生じるものであり，使用者に責任があることは論を待たない。しかし「生活保障」の観点から考えた場合，被災労働者本人の損害を補償させることはできても，被災労働者を支えあるいは支えられてきた家族の被ったさまざまな被害の補償を契約から直ちに導き出すことは容易ではない。契約当事者ではない家族の補償は，労働契約を超えた形での論理を必要とする。

　労働災害は，産業革命以降の工場・事業所での集団的な労働に潜む災害リスクが顕在化したもので，被災労働者は「個」であるがリスクは「集団」である。したがって，そのような労働災害の補償について，個人を超えて「集団」とし

てシステム化すること，すなわち社会保障制度が対応することには合理性がある。

歴史的には労災補償は労働保険として展開してきたが，社会保険制度であれ無拠出であれ，生活保障を「集団」的にシステム化したもので，労働災害に対する使用者の責任を免責したことにはならない。

2．公的扶助

公的扶助制は最低生活を保障するために公費により所得保障を行うことが中心である。しかし最低生活保障のみでは，受給者は永久に公的に支給される現金の扶助に依存することになる。社会保障は国民の生活保障を目的とするが，それは公的支援に依存した個人を養うことではない。最終的には，公的支援を受けたままでも，あるいは公的支援なしに，自己の選択と決定により生きてゆくことが目標である。そこで現金給付の支援と同時に自立支援のためのカウンセリングや生活指導を行う。このためわが国の生活保護法は所得保障と社会福祉的支援を併存した制度となっている。

第Ⅲ部　各　論

第 8 章　｜　医療保障制度の概要

第 9 章　｜　社会福祉法制の概要

第 10 章　｜　所得保障制度の概要

第 11 章　｜　労働災害補償

第 12 章　｜　低所得層の支援と
　　　　　　　　最低生活の保障

第8章 医療保障制度の概要

1．医療保障制度

　わが国の医療保障は社会保険制度に依拠している。ただし生活保護を受給している低所得者の医療は，社会保険制度によらず，無拠出（税財源）の医療による。また刑事処遇施設の収監者は医療保険に加入可能であるが，収監中は医療へのアクセスは認められていない。

　社会保険制度による医療保障制度は，全国民を「住民」として適用下におく国民健康保険と，被用者とその被扶養者をカバーする健康保険や共済組合などの被用者医療保険がある。被用者とその被扶養者は，国民健康保険から除外されることになる。また75歳以上の者は，国民健康保険，健康保険，共済組合などから脱退し，後期高齢者医療保険制度という75歳以上の者を対象とする社会保険の医療制度に属することになる。

第Ⅲ部　各　論

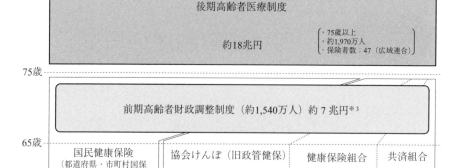

※1　加入者数・保険者数，金額（給付費）は，令和5年度予算ベースの数値。
※2　上記のほか，健康保険法第3条第2項被保険者（対象者約2万人），船員保険（対象者約11万人），経過措置として退職者医療がある。
※3　前期高齢者数（約1,540万人）の内訳は，国保約1,100万人，協会けんぽ約320万人，健保組合約90万人，共済組合約20万人。

出典：厚生労働省HP（https://www.mhlw.go.jp/stf/seisakunitsuite/bunya/kenkou_iryou/iryouhoken/iryouhoken01/index.html［閲覧日2024年8月30日］）

図8‐1　医療保険制度の体系

表8‐1　医療保険制度の概要

	制　度	被保険者	保険者
職　域	健康保険	健康保険の適用事業所に雇用される者	全国健康保険協会（協会けんぽ）
	健康保険	常時700人以上の従業員を雇用する会社が健康保険組合を設立，運営している健康保険を指す。健康保険組合は複数の会社で設立・運用することも可能。従業員の総数は3,000人以上であることが条件	健康保険組合
	船員保険	船　員	全国健康保険協会（協会けんぽ）
	共済組合	公務員や私立学校の教職員	各共済組合等
地　域	国民健康保険	職域保険に加入していない者	市町村，国民健康保険組合
高齢者	後期高齢者医療保険	75歳以上の高齢者（寝たきりの者は65歳以上）	後期高齢者医療広域連合

2. 給　付

　医療保障の中核は，医療行為で，**「療養の給付」**と呼ばれる部分である。これはいずれの法制度（健保法，共済組合制度，国保法，労災保険法，生活保護法）でも以下のような同じ内容である。

① 　診察
② 　薬剤または治療材料の支給
③ 　処置・手術その他の治療
④ 　在宅で療養するうえでの管理，その療養のための世話，その他の看護
⑤ 　病院・診療所への入院，その療養のための世話，その他の看護

　現行制度には「療養の給付」以外にも，財政的な理由や歴史的経緯から様々な夾雑物が存在する。
　また医療保障給付が医学的対応という現物給付の形態をとるのに対して，所得保障上の要保障事故が，医療保障法の中で規定されることがある。医療的な治療そのものではなく，入院などで就業しなかった場合に，それによる収入の減少を補填するための給付である（健康保険法の傷病手当金など）。これは要保障事故からいえば，医療給付を必要とするものではないが，医療保障制度が労働者のための医療保険から発展した歴史的経緯と労働者の受給上の便宜から健康保険法中に規定されている。
　医療保障は現物給付であるので，もし自己負担があった場合に現物給付の何割という形で当事者が支払うことはできないし，医療機関が保険がきく範囲で医療（治療）行為を中止するということはできない。そこで現物給付たる医療行為を点数化し（診療報酬），それに単価をかけることで現金化する。このことで現物給付を現金に置き換え，その現金の一定割合を自己負担するのである。したがって医療行為それ自体は，いつでも最適の給付がなされることになる。

医療技術の進展に伴い，あるいは疾病に対する社会的認識の変化により，医療保障給付に新たに参入する可能性のあるものも存在する。各種依存症やADHDなどである。これらはかつては当然には医療保障給付の要保障事故とは考えられなかったが，現在はその一部が医療保障給付の要保障事故と考えられている。

3．医療保障制度の概要

わが国の医療保障の中心は，社会保険医療である。

例えば健康保険法は，中核である医療保障給付，医療保障給付と密接に関連し医療保障実現のための準医療保障給付（高額療養費制度など），医療保障との関連性の薄い所得保障給付（傷病手当金）が混在している。

さらに社会保険制度を利用しているため，あらかじめ約定される保険給付という形で，医療給付の内容は制限されている。具体的には「療養担当規則」という規則に従い，この範囲内で医療的支援がなされ，具体的な医療対象は，厚生労働大臣の告示「診療報酬点数表」に規定されており，ここに含まれない支援は，社会保険の「療養の給付」とされない。

社会保険給付としての医療の具体的な展開は以下の通りである。

① 当事者は医療保険の保険料を支払い，保険者から保険証を受理する。
② 当事者がケガ，病気となったときに，当事者は医療機関に保険証を持参し，「療養の給付」（診察や治療）を受ける。
③ 当事者は，受給した「療養の給付」を点数化し単価をかけ現金化した額の一定割合を医療機関に支払う（自己負担）。
④ 医療機関は残余の額を保険者に請求しその支払いを受ける。

医療保険法における給付は表8-2のとおりである。

表8-2 医療保障制度の概要

給付類型	制度	内容
医療保障給付	療養の給付 家族療養費	診察。 薬剤または治療材料の支給。 処置・手術その他の治療。 在宅で療養するうえでの管理，その療養のための世話，その他の看護。 病院・診療所への入院，その療養のための世話，その他の看護。
	入院時食事療養費	入院時の食事の費用は，食事療養標準負担額（1食460円。低所得者等については軽減）を除いた部分を現物給付。
	入院時生活療養費	療養病床に入院する65歳以上の者には，生活療養標準負担額（1日320円＋1食460円，低所得者等については軽減）を除いた部分が現物給付。
	訪問看護療養費 家族訪問看護療養費	在宅療養の難病患者などが，訪問看護ステーションから訪問看護を受けたときの費用が現物給付。被扶養者である家族に対しては家族訪問看護療養費として給付。
	療養費	やむを得ず保険診療を行わない医師にかかったり被保険者証を提示できないとき，国外で医療を受けたときなどは，保険者が承認すれば，健康保険の標準料金から一部負担相当を除いた額を払い戻す。
	移送費 家族移送費	必要な医療を受けるため緊急に移送された場合の保険者が認めた範囲の実費の払戻し。被扶養者である家族が移送されたときには家族移送費として払い戻す。
準医療保障給付	出産育児一時金	出産時，1児ごとに420,000円（在胎週数が22週に達していないなど，産科医療補償制度加算対象出産でない場合は404,000円）が出産育児一時金として支給。
	家族出産育児一時金	被扶養者が出産したとき。
	保険外併用療養費	先進医療などのように，将来，保険給付の対象として認めるかどうかについて評価が必要な療養（評価療養）や，加入者である被保険者や被扶養

		者の選定によって特別療養室に入院するなど医療保険の導入を前提としない療養（選定療養）などについて，医療保険からその基本的部分が現物給付。
所得保障給付	高額療養費	1か月の自己負担額が自己負担限度額を超えたときに，申請により超過分を払い戻す。
	高額介護合算療養費	同一世帯で医療保険と介護保険の1年間の自己負担額の合計が，限度額を超える場合の払戻し。
	傷病手当金	被保険者本人が療養のため仕事を4日以上休み給料を受けられないときは，4日目から，1日につき直近12か月間の標準報酬月額の平均額の30分の1の3分の2を支給。 ※傷病手当金は，支給開始日から1年6か月の範囲で給付される。
	出産手当	被保険者本人が出産で仕事を休み，勤務先から給料を受けられないときは，出産（予定）日以前42日（多胎妊娠は98日）から出産日後56日の期間，傷病手当金と同様に計算した額を支給。
	傷病埋葬料（費） 家族埋葬料	被保険者あるいは被扶養者である家族が死亡したときに埋葬料とし50,000円が支給される。

4．後期高齢者医療保険

　わが国の医療保障制度では75歳未満の者は被用者保険または地域保険（国民健康保険）に属するが，75歳以上の者は，職業に関係なく，すべて独立した**「後期高齢者医療保険」**という社会保険制度に加入することになる。

　保険者は都道府県単位に設立された広域連合である。保険給付は基本的に他の医療保険と同様である。

　財源構成は，患者が医療機関などで支払う自己負担分を除き，現役世代からの支援金（国保や被用者保険者からの負担で4割）と公費（国・都道府県・市区町村の負担が5割）のほか，被保険者からの保険料（約1割）となっている。このうち公費については国・都道府県・市区町村が4対1対1の割合で負担してい

る。後期高齢者医療制度は高齢者医療を社会全体で支えるという観点から，現役世代からの支援金と公費で約9割がまかなわれている。

　75歳以上の高齢者保険料額は，被保険者全員が均等に負担する「均等割額」と，被保険者の前年の所得に応じて負担する「所得割額」を合算したものとなる。

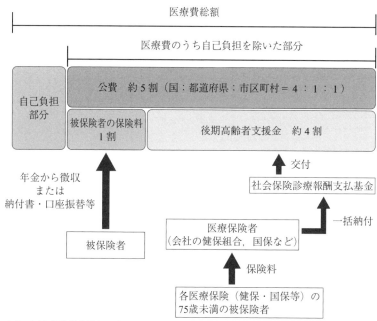

出典：岡山県後期高齢者医療広域連合「制度の概要」(https://www.kouiki-okayama.jp/)

図8-2

5．生活保護世帯の医療保障

　生活保護世帯の構成員の医療保障は，生活保護法の**医療扶助**による（生活保護法15条）。行政の発行する「医療券」を持参し医療機関を無料で受診する。貧困層であるがゆえに特殊な治療法はないし，貧困層であるがゆえにかかる特殊

な疾病もない。医療扶助の内容は，他の医療保障法と同一である。したがって生活保護受給世帯の医療保障を一般的な医療制度から分離し，生活保護法に規定することには積極的な意味はない。逆に，医療扶助を利用した場合に，医薬品に関しては，後発医薬品（ジェネリック）の使用が原則とされ（34条3項），一般医療との間に差異がある。

6. 自己負担

1 医療保険

わが国の医療保険では，患者が利用した場合に窓口で自己負担が要求され，費用の3割を窓口で支払わねばならない。

自己負担は保険給付が10割ではなく，自己負担分を除いた割合の給付であることを意味する。

自己負担は理論的必然ではなく，医療保障の財政上の必要性であり，財政が逼迫することが予想されれば，負担割合は増加する。

表8-3　自己負担割合

被保険者・家族の状況	義務教育就学前	義務教育就学後 70歳未満	70歳以上	
			現役並み所得者	その他
負担割合	2割	3割	3割	2割・1割

2 後期高齢者医療保険

医療機関等の窓口で支払う医療費の自己負担割合は「1割」「2割」「3割」の3区分である。

以下の①と②の両方に該当する場合は，自己負担割合が「2割」となる。

表 8-4　自己負担割合の判定基準

判定基準	区　分	自己負担割合
同じ世帯の被保険者の中に住民税課税所得が145万円以上の者がいる場合	現役並み所得者	3割
以下の①②の両方に該当する場合 ①同じ世帯の被保険者の中に住民税課税所得が28万円以上145万円未満の方がいる ②同じ世帯の被保険者の「年金収入」＋「その他の合計所得金額」の合計額が以下に該当する 　・被保険者が1人……200万円以上 　・被保険者が2人以上……合計320万円以上	一定以上所得のある方（一般Ⅱ）	2割
同じ世帯の被保険者全員の住民税課税所得がいずれも28万円未満の場合，または上記①に該当するが②には該当しない場合 ※住民税非課税世帯の方	一般Ⅰ・非課税者	1割

出典：神奈川県後期高齢者医療広域連合 HP（https://www.union.kanagawa.lg.jp/1000007/1001531.html）

# 第9章　社会福祉法制の概要

1. 総　論

　社会福祉は，身体障害，知的障害，精神障害などの心身の状態と，社会的条件により，自己実現が阻害されている者に対して，現物給付である支援（社会福祉サービス）により，自己実現を達成し自立・自律をはかるものである。社会福祉に関する基本的共通事項は，**社会福祉法**（昭和26年法律第45号）に規定されている。

1　福祉サービス供給主体

（1）**福祉従事者，事業者**　社会福祉サービスは，福祉の専門的な資格をもった福祉従事者によって供給される。具体的には介護福祉士，社会福祉士，精神保健福祉士，保育士などであるが，これらは業務独占の資格ではないので，これらの資格をもたない者が社会福祉に関するサービスを行っても問題はない。生活保護の領域では，利用者の相談援助などはいわゆる「ケースワーカー」と呼ばれる市町村の公務員が行う。

　社会福祉サービスの供給は，それが生存権に直結し，生存権保障を目的とするものであるがゆえ，強力な公的規制が必要である。多様な供給主体が登場するこんにち，より一層の公的関与が求められる。

　社会福祉サービスの供給事業者は，社会福祉従事者を雇用している組織や施設本体を運営する組織であるが，**社会福祉法人**，NPO（特定非営利法人），地方自治体などがある。憲法25条は，最終的責任が公的に担保されていることを要請するものと考えられ，すべての組織，施設が国公立・営であることまで要請してはいない。

(2) 社会福祉サービス・社会福祉事業の規整　社会福祉法は社会福祉事業を,「第1種社会福祉事業」と「第2種社会福祉事業」に区分している（2条1項）。具体的な施設が「第1種社会福祉事業」に該当するかは同条2項に規定されているが,大まかにいえば,「第1種社会福祉事業」は入所施設で,「第2種社会福祉事業」は在宅福祉や通所である。

経営主体については,以下の通りである（60条）。

表9-1　社会福祉事業と経営主体

事業区分	経営主体
第1種社会福祉事業	国・地方公共団体・社会福祉法人
第2種社会福祉事業	法上,特に経営主体に制限なし

(a)　**社会福祉法人**　社会福祉法人とは,社会福祉事業を行うことを目的として設立された法人である。(社会福祉法22条)他の法人と同様,都道府県の認可によって法人格が取得される。社会福祉法人となることで,自治体からの事業受託や税制上の優遇措置を得られる一方,都道府県の公的監督に服する。私たちが市中で目にする福祉事業,施設はほとんどが社会福祉法人の設立,経営によるものである。

NPO（特定非営利法人）は,特定非営利活動促進法により法人格を付与された組織である。

(b)　**国・地方公共団体**　社会福祉事業に関して,国・地方公共団体が担い手となる事業は,各福祉法に規定されている。市町村は社会福祉の利用者にもっとも近い行政機関であるため,社会福祉サービスの供給だけでなく,社会福祉に関する各種計画（市町村地域福祉計画,市町村障害者福祉計画,市町村老人福祉計画,地域市町村介護保険事業計画,市町村保育に関する整備計画など）も策定する。

(c)　**社会福祉協議会**　社会福祉協議会は,地域福祉の普及推進と,民間福祉事業やボランティア活動の推進・支援を目的として,全国,都道府県,特別区,政令指定都市（区＝行政区）,市町村単位で組織され,地域の社会福祉事

業の個人や団体などが参加する組織である。社会福祉協議会の主な役割は，地域の福祉啓発事業の実施，福祉専門職の職員養成，福祉人材の確保，福祉サービスの第三者評価などであるが，同時に社会福祉施設の運営なども行う。

　　(d)　社会福祉事業に関する規整　　社会福祉法は，社会福祉法人や社会福祉事業に関する一般的監督などの規整について規定する。調査（70条），改善命令（71条），情報の提供（75条），利用契約の申込み時の説明義務（76条），契約成立時の書面の交付（77条），福祉サービスの向上（78条），事業経営者による苦情解決（82条）などである。

　　(e)　事業経営の準則　　憲法89条は，宗教，慈善，教育，博愛の事業に対し「公私分離の原則」を規定する。これに対応するのが社会福祉法61条1項である。同項は，国・地方公共団体の福祉の責任転嫁の禁止（1項1号），国・地方公共団体の社会福祉事業経営者に対する不当関与の禁止（2号），社会福祉事業経営者による国・地方公共団体への不当援助要求の禁止（3号）という福祉事業経営の重要な原則を規定している。

　(3)　事業の開始・施設の設置　　社会福祉事業の開始や設置については，第1種社会福祉事業と第2種社会福祉事業では届出など必要な手続きが異なる。また設置者が市町村や社会福祉法人のような公的な性格をもつものなのか，施設の有無などにより，事業開始の届出，許可などの厳格な監督に服する手続きなのか，事業開始後の届出のような，より簡易な手続きによるのかが規定されている。

　(4)　行政・運営――主に市町村　　社会福祉の具体的な展開で，行政は制度設計，社会福祉の展開と，利用者と福祉供給者を結びつける二側面の役割を担う。前者は法規の実施，計画制定，指導などであり，後者は基礎自治体における福祉資源の分配などである。

　制度設計，社会福祉の展開については，国―都道府県―市町村というヒエラルヒーが形成されている。福祉実践に関する関与は，国＜都道府県＜市町村の順番で強くなる。

　福祉実践の第一線行政機関は市町村である。市町村は，社会福祉の現業的な

作業や福祉実践から，福祉政策の計画など幅広い業務を担っている。

　都道府県は域内の市町村の連絡調整などと，政策決定に関する審議会（児童福祉審議会，地方精神保健福祉審議会など），社会福祉事業者に対して事業参入の資格を付与するなど各種「指定」，社会福祉における判定，相談などの機能を担う機関として，児童相談所，身体障害者更生相談所，知的障害者更生相談所などの相談所の設置運営が重要な業務である。

2　社会福祉の財政・費用負担

(1) **社会福祉の費用**　施設建設や福祉従事者の人件費，施設・組織の運営費などの社会福祉の費用をどのように調達するかについては，公費，事業運営者の負担，利用者が負担するなどが考えられる。

　利用者が利用前にあらかじめ一定の負担をするのが，拠出主義の典型である「社会保険方式」である。これに対して何ら拠出を要しないのが無拠出制度であり，財源は税による。拠出制，無拠出制のどちらを採用するかは使用される対象によって決定されるべきである。

　「憲法25条および各福祉法における公的責任原理は，福祉サービスの提供だけでなく，費用負担の部分にも及ばなくてはならない」（平部康子「社会福祉の財政と利用者負担」河野・阿部・増田・倉田編『社会福祉法入門［第3版］』有斐閣，2015年，279～280頁）と考えると，これらの費用は公費でまかなわれるのが原則ということになる。

(2) **福祉施設の建設**　社会福祉施設の建設などはほぼ半分以上，公費（国・都道府県・市町村の補助・負担）が投入されている。

(3) **社会福祉サービスの運営費**　サービスにかかる費用には一部公費が投入されている。公費投入以外の費用を，利用者があらかじめ拠出する制度が「社会保険」で，介護保険制度などである。拠出を求めない場合，かかる費用は公費（＝税金）が投入されている。生活保護制度はその典型である。

2．障害福祉法の体系

1　障害福祉の法規範

(1) 障害福祉の国際規範——「障害者の権利に関する条約」　障害福祉に関する法規範で重要なものに，「障害者の権利に関する条約（Convention on the Rights of Persons with Disabilities）」がある。わが国は同条約を批准しており，国内法と同等の効力をもつ。同条約には「選択議定書」があるが，こちらについてはわが国は批准していない。

「障害者の権利に関する条約」は，「自立した生活および地域社会の包摂」や文化的生活，司法へのアクセスなど，障害に関する事項を包括的に規定しており，幅広い内容となっている。

条約は，「障害に基づく差別」を，障害に基づくあらゆる区別，排除または制限であって，政治的，経済的，社会的，文化的，市民的その他のあらゆる分野において，本来平等であるはずのすべての人権および基本的自由を認識し，享有し，行使することを害したり妨げる目的や効果をもつもので，法律など制度的なものだけではなく，慣行，文化など「あらゆる形態の差別」を含むのであるとしている。

また条約は，「合理的配慮（reasonable accommodation）」を規定している。

「合理的配慮」とは，「障害者が他の者との平等を基礎として全ての人権及び基本的自由を享有し，又は行使することを確保するための必要かつ適当な変更及び調整であって，特定の場合において必要とされるものであり，かつ，均衡を失した又は過度の負担を課さないもの」をいう（条約2条　外務省・訳）。

これは「特定の場合において必要とされる」差別の是正・緩和の施策・措置である。一般的な障害の障壁を軽減するための「バリアフリー」とは異なる。

条約を批准したわが国では，2013年の障害者差別解消法（障害を理由とする差別の解消の推進に関する法律）が制定され，雇用主，教育機関による「合理的配慮」の実施が義務づけられた。

(2) 障害福祉の国内規範　　社会福祉サービス給付の中心は障害者総合支援法に規定されているが，各障害領域の基本的事項は，障害者基本法，身体障害者福祉法，知的障害者福祉法，精神保健及び精神障害者福祉法などに規定されている。これらは障害各領域のいわば基本法的役割をもつ。

　(a)　障害者基本法　　障害福祉に関する包括的立法であり，障害の定義，地域社会における共生，差別禁止，国・地方公共団体の責務などを規定する。医療，介護，教育，療育，職業相談，住宅の確保，公共的施設のバリアフリー化，司法手続における配慮など，障害者の自立および社会参加の支援のための基本的施策について規定する。またそれら施策の総合的・計画的推進のため，国，都道府県，市町村に「障害者基本計画」の策定を義務づける。また委員として障害者が参加し，障害政策を検討する「障害者政策委員会」を政府に設置することが規定された。

　(b)　各障害領域の基本法　　障害類型ごとの身体障害者福祉法，知的障害者福祉法，精神保健及び精神障害者福祉法に，基本理念，当事者の定義，サービス，施設，「手帳制度」などの基本的事項が定められている。「手帳制度」とは，障害の程度を証明するものとして，本人の申請により，各種相談所の判定に基づき，都道府県知事が発行する身体障害者福祉手帳（身障者福祉法15条），精神障害者保健福祉手帳（精神保健福祉法45条），知的障害者福祉「療育手帳」をさす。知的障害福祉に関しては，「手帳」は法定されず，各自治体が独自に発行しており，名称も統一されていない。これらの「手帳」は公共料金の減額，公共交通機関の運賃減額，税の減免などの際に利用される。身体障害を除いて，手帳の所持は後述の総合支援法の福祉サービスの受給の要件ではない。

　精神保健及び精神障害者福祉法は，精神医療と精神障害福祉を規定している特殊な構成の法である。一般的には「障害」と「疾病」の区分は法的には明瞭で，「症状固定」（治療効果がみられなくなる）が現出した場合には，「障害」と考える。精神疾患—精神障害ではこの区分は明瞭ではないため，法律では精神医療と精神障害福祉を単一の法律で規定している。

2 障害者総合支援法（障害者の日常生活及び社会生活を総合的に支援するための法律）

　障害者への福祉サービスの基本的な部分は，地域社会における共生の実現に向けての理念のもと，「障害者総合支援法」に規定されている。同法によって障害者の日常生活および社会生活の総合的な支援が図られる。

　(1)　**法の基本的理念・構造**　　(a)　**目的**　　障害者および障害児が，「基本的人権を享有する個人としての尊厳にふさわしい日常生活又は社会生活を営むことができるよう」に，必要な障害福祉サービスやその他の支援を総合的に行うことで，障害者と障害児の福祉の増進を図るとともに，「障害の有無にかかわらず国民が相互に人格と個性を尊重し安心して暮らすことのできる地域社会の実現に寄与すること」（1条）を目的とする。

　　(b)　**基本理念**　　障害福祉サービス（＝「障害者及び障害児が日常生活又は社会生活を営むための支援」1条の2）は，全ての国民が，障害の有無にかかわらず，基本的人権を享有する「かけがえのない個人として尊重される」ということを理念とする。共生社会（＝「全ての国民が，障害の有無によって分け隔てられることなく，相互に人格と個性を尊重し合いながら共生する社会」）を実現するため，全ての障害者，障害児が可能な限りその身近な場所で必要な支援を受けられることで社会参加の機会が確保され，どこで誰と生活するかについての選択の機会が確保され，地域社会において他の人々と共生することを妨げられない。そして障害者・児にとって日常生活や社会生活を営む上で障壁となるような社会の事物，制度，慣行，観念その他一切のものの除去に資する。障害福祉サービスはこれらを本旨として，総合的かつ計画的に行わなければならない。

　(2)　**給付対象**　　法の規定する障害福祉サービスは，18歳以上の身体・知的・精神の障害をもつ者，難病患者を対象とする。

　(3)　**サービス給付**　　総合支援法に基づく給付・事業は，個人の自立生活を可能とするための支援の「自立支援給付」と，自治体の裁量で行われる，利用者の地域社会の生活・定着の支援である「地域生活支援事業」とに大別できる。

　実施主体は市町村に一元化されている。

都道府県は，地域生活支援事業などで，①専門性の高い相談支援，②広域的な支援，③専門性の高い意思疎通支援を行う者の養成・派遣，④意思疎通支援を行う者の派遣にかかる連絡調整などを行う。

障害をもつ者に対する個別支援は，市町村によって整備され，具体的なサービス給付は，障害福祉サービス供給事業者による。

障害福祉サービスは，①日常生活の局面での自立への支援，②個人の能力発揮のための訓練給付，③地域社会での自立生活のための支援に分類できる。

市町村（指定都市，中核市，特別区を含む）が整備する，日常生活の局面での自立への支援である「自立支援給付」は，個人の行動・行為の支援である「介護給付」，「補装具の給付」，就労を含む個人の能力発揮のための「訓練給付」，医療的給付である「自立支援医療」などからなる。

これらの給付は，条文上は「給付費」を市町村が利用者に支給するという規定になっており，あたかも介護サービスにかかる費用を支給する現金給付の形態であるように理解できる。実際は，サービスを提供した事業者に対して市町村が，サービスにかかった費用から利用者の自己負担分を差し引いた費用を支払うという，「代理受領」の手法が取られており，利用者に現金が支給されるわけではない。

　(a) 日常生活の局面での自立への支援　　日常生活の局面での自立への支援は，「介護給付」が中心である。入浴，食事，排せつ，外出，余暇活動などの諸行動を，社会福祉サービスで補い支援する。

表9-2 介護給付の概要

制　度	支　援	支援内容
介護給付	居宅介護 (ホームヘルプ)	自宅で，入浴，排せつ，食事の介護等を行う
	重度訪問介護	重度の肢体不自由者，重度の知的障害者・精神障害者で常に介護を必要とする者に，居宅での介護，外出時における移動支援などを総合的に行う
	重度障害者等包括支援	介護の必要性が極めて高い者に複数のサービスを包括的に行う
	短期入所 (ショートステイ)	自宅の介護者が病気の場合などに，短期間，施設等での入浴，排せつ，食事の介護を行う
	療養介護	医療と常時介護が必要な者に，医療機関で機能訓練，療養上の管理，看護，介護および日常生活の世話を行う
	生活介護	常に介護が必要な者に，昼間，入浴，排せつ，食事の介護等を行うとともに，創作的活動または生産活動の機会を提供する
	障害者支援施設での夜間ケア等 (施設入所支援)	施設入所者に，夜間や休日，入浴，排せつ，食事の介護等を行う

　補装具の給付，貸与による自立生活への支援は，「介護給付」と「地域生活支援事業」によってなされる。

表9-3 用具の給付・貸与

支　援	支援内容	制　度
補装具の給付	義肢，視覚障害者安全杖，車椅子，歩行器，歩行補助杖，排便補助具など	介護給付
日常生活用具の給付・貸与	重度障害者に対して，特殊マット，移動用リフト，入浴補助具など日常生活の補助器具を給付・貸与	地域生活支援事業

　移動については，「介護給付」の「重度訪問介護」や「同行援護」の他，「地域生活支援事業」の「移動支援」によっても支援される。

表9-4　移動の支援

支援	支援内容	制度
重度訪問介護	重度の肢体不自由者，重度の知的障害者・精神障害者で常に介護を必要とする者の外出時における移動支援	介護給付
同行援護	視覚障害により，移動に著しい困難を有する者に，移動に必要な情報の提供（代筆・代読を含む），移動の援護等の外出支援	
行動援護	判断能力が制限されている者の外出支援	
移動支援	知的障害者・児に対して，円滑に外出できるよう，移動の支援。社会生活を送るうえで必要不可欠な外出の支援（ガイドヘルパーなどを含む）。	地域生活支援事業

「自立支援医療」とは，障害者の心身の障害の状態の軽減を図り，自立した日常生活または社会生活を営むために必要な医療である（5条24項）。身体障害者のための「更生医療」，障害児のための「育成医療」，通院治療中の精神障害者のための「精神通院医療」があり，公費により負担軽減が図られる。

(b)　個人の能力発揮のための訓練給付　　個人の能力発揮のための訓練は，「訓練給付」とされ，日常生活能力の向上や，社会生活，就労などに向けての心身機能や生活能力の向上の訓練を行う。

表9-5　訓練の給付

制度	種別	支援内容
訓練等給付	自立訓練（機能訓練・生活訓練）	自立した日常生活や社会生活ができるように，身体機能または生活能力の向上のために必要な訓練
	宿泊型自立訓練	居室や施設を利用しながら，家事等の日常生活能力を向上させるための支援，生活等に関する相談，助言などの支援
	就労移行支援	一般企業での就労を希望する者に，就労に必要な知識および能力の向上のために必要な訓練
	就労継続支援	一般企業での就労が困難な者に，働く場を提供するとともに，知識および能力の向上のために必要な訓練を行う

	就労定着支援	企業に新たに雇用された障害者の就労の継続のため，企業，障害福祉サービス事業者，医療機関等との連絡調整を行い，雇用に伴い生じる日常生活や社会生活上の問題に関する相談，指導および助言等の支援を行う
	自立生活援助	自宅での自立した日常生活上の問題について，定期的な巡回や連絡を受けての訪問，相談対応等により，障害者の状況を把握し，必要な情報の提供および助言，相談，関係機関との連絡調整等の自立した日常生活を営むための環境整備に必要な援助を行う
	共同生活援助（グループホーム）	夜間や休日，共同生活を行う住居で，相談や入浴，排せつ，食事の介護等，日常生活上の援助を行う
地域生活支援事業	福祉ホーム	住居が必要な者に，低額料金で，居室等を提供し，日常生活に必要な支援を行う

(c) 地域社会での自立生活への支援

表9-6 地域社会での支援

支　　援	支　援　内　容	制　　度
地域移行支援	障害者支援施設，精神科病院，児童福祉施設を利用する18歳以上の者等に対して，地域移行支援計画の作成，相談による不安解消，外出の同行支援，住居確保，関係機関との調整等を行う	相談支援事業
地域定着支援	在宅で単身生活の障害者等を対象に常時の連絡体制を確保し，緊急時には必要な支援を行う	

(d) 日中活動と住まいの場の組み合わせ　　入所施設のサービスは，昼のサービス（日中活動事業）と夜のサービス（居住支援事業）に分かれており，サービスの組み合わせを選択できる。例えば，常時介護が必要な場合は，日中活動の生活介護と，住まいの場として施設入所支援を組み合わせて利用することができる。

(4) サービス供給主体　　総合支援法による障害福祉サービスは，法定の要件を満たし，都道府県知事の指定を受けたサービス供給事業者の「指定障害福祉サービス事業者」または「施設」で利用できる（36条～）。

利用者が指定された障害福祉サービス事業者から，サービスや支援を受けた

ときに，市町村が当該事業者に給付費を支払う（代理受領）（29条など）。指定業者は各種の責務を負い，基準を遵守しなければならない（43条）。

(5) **サービス利用の流れ**　利用者は市町村の認定を受け，それに基づいて自己の選択に応じて，「指定事業者」である障害福祉サービス供給事業者と契約を締結し，サービスを利用する。

具体的には，

① 利用者が市町村に申請を行う。

② 市町村は，障害支援区分の認定と支給要否決定のための調査を行う。

③ 市町村に設置された「障害者給付審査会」が障害支援区分に関する審査・判定

④ 市町村は，障害者給付審査会の障害支援区分に関する審査および判定の結果などを踏まえ，障害支援区分の認定（非該当・支援区分1～6）を行う。

⑤ 市町村は，障害支援区分，障害者等のサービス利用の意向，「サービス利用計画書」，当該障害者等の介護者の状況その他の事項を勘案して，支給決定を行い，「サービス受給者証」を利用者に発行する。

⑥ 利用者は自己の選択・決定により指定事業者の福祉サービスを利用する。このとき，利用者の負担能力に応じた自己負担がある。

⑦ 市町村は，費用について介護給付などを支給する（実際は，市町村が事業者に直接支払う「代理受領」による）。

(6) **費用負担**　(a) **自己負担**　障害福祉サービスの利用に際しては，サービスを利用した障害者等の「家計の負担能力その他の事情をしん酌して政令で定める額」（例えば介護給付費，訓練等給付費につき29条3項2号）を負担する。ただしサービス料の1割負担額のほうが少なくなる場合は1割負担（ほとんどの場合は1割負担のほうが低額である）。

また利用者負担の負担上限月額設定が所得ごとに設定され，上限以上の負担はない。

なお施設の光熱費，食費など（ホテルコストという）は全額自己負担である。

（b）高額障害福祉サービス等給付費（76条の2）　障害福祉サービスの自己負担と介護保険法の自己負担の合算が高額になる場合，自己負担が過重になることを避けるため，負担限度額を超えた分につき，事後的に償還される。

3．高齢者の福祉

1　高齢者福祉の原理

「高齢者福祉」は，高齢者すべてを支援するのではなく，自立活動が阻害されている高齢者に対する社会的支援が中心となり，「高齢の障害者」である。

高齢者福祉については，生物学的身体能力の減退と，精神的不調和について留意することが重要である。生物学的身体能力の減退は「身体障害」として認識され，認知症などの精神的不調和がもたらす行動の不調和は，精神疾患の不調和な行動と同一視できる。

2　高齢者福祉の法体系

高齢者福祉の法として，中核となるのは，高齢者福祉の基本法としての老人福祉法と，給付の中心となる介護保険法である。

老人福祉法は，高齢者福祉制度全般の基本を定める法であり，①老人福祉制度の基本的枠組を定める，②高齢者福祉サービスに関する規制，③介護保険制度を利用できない場合の福祉の「措置」の実施（「高齢者福祉制度の安全網」）といった意義をもつ。

老人福祉制度の基本的枠組としては，老人福祉の基本的理念（2・3条）および老人福祉増進の責務（4条）を明確にしている。実施主体の中心は市町村である。

老人福祉に関する施策の実施にあたっては，総合的・計画的な実施が必要とされる。老人福祉の実施主体の中心が市町村であることから，老人福祉法は市町村に「市町村老人福祉計画」の策定を義務づけている（20条の8）。

老人福祉法の定める高齢者福祉の分類は，在宅と施設に分かれる（法的には

通所で施設を利用する場合も「居宅」という扱いになる)。在宅福祉は自宅を訪問する社会福祉サービス供給者(ホームヘルパーなど)によるサービスや支援を受けるもので,入浴,排せつ,食事など,日常生活を営むのに必要な支援である。通所や短期入所の支援は,これに機能訓練などが加わる。

施設福祉(老人福祉法11条,20条の2の2)は施設に入所し,サービスや支援を受けるが,入所は市町村の措置による。各施設については以下の通りである。

表9-7 老人福祉施設の概要

施 設	内 容
養護老人ホーム(11条1項1号)	65歳以上の者で,環境上,経済的理由などにより自宅で養護を受けることが困難な者 ※これは介護保険にはない。老人福祉法のみ
特別養護老人ホーム(同上2号)	65歳以上の者で,身体上または精神上著しい障害があるために常時介護を必要とし,かつ,自宅でこれを受けることが困難な者が,やむを得ない事由により介護保険法に規定する介護老人福祉施設に入所することが著しく困難であると認められる者
軽費老人ホーム(契約)(20条の6)	無料または低額で,老人を入所させ,食事の提供,その他日常生活上必要な便宜を供与
有料老人ホーム(私的契約)(29条)	入浴,排せつ,食事などの介護・提供,その他日常生活上必要な便宜を供与

各施設については,設備,運営の基準が定められている(例えば「特別養護老人ホームの設備及び運営に関する基準」など)。

なお,サービス付き高齢者向け住宅(サ高住)は基本的には賃貸住宅である。高齢者向けの住居の構造・設備を備え,高齢者の生活に必要な法定サービス(生活相談と安否確認)を備えた集合住宅で自治体によって付加的なサービスを義務づけるところもある。

3 介護保険制度

(1) 介護保険法の目的　　現在のわが国の高齢者福祉サービスの「給付」は,主に介護保険制度として社会保険方式で行われている。介護保険制度は,「加齢に伴って生ずる心身の変化に起因する疾病等により要介護状態となり,入浴,

排せつ,食事等の介護,機能訓練」などの支援を必要とする者が,「尊厳を保持し,その能力に応じ自立した日常生活を営むことができるよう」,必要な保健医療サービスや福祉サービスを行い,「国民の保健医療の向上及び福祉の増進を図る」(1条)ことを目的とする。

したがって,加齢に伴わない自立阻害の状態は,介護保険の対象とはならない。

(2) **介護事故と給付——要介護度と保険サービス**　65歳以上の被保険者が「加齢に伴って生ずる心身の変化に起因する疾病等により要介護状態」(1条)なったときに介護福祉サービスが給付される。40〜65歳未満の者は,特定疾病により自立が阻害された場合,「加齢に伴って」とみなされ(7条3項2号),介護保険サービスを利用できる。

特定疾病とは,パーキンソン病関連疾患,初老期の認知症,早老症,糖尿病神経障害,末期ガン,脳血管疾患など,加齢と関係のある疾病,要介護状態になる可能性の高い疾病を指す(介護保険法施行令2条)。

(3) **保険関係**(3条)　介護保険の保険関係を図示すれば図9-1のようになる。

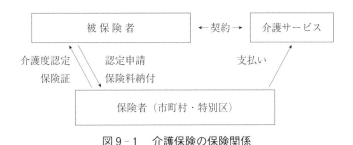

図9-1　介護保険の保険関係

保険者(保険料を徴収し保険制度を管理・運営する)は市町村・特別区である。

被保険者(9条)は,40歳以上の者で,第1号被保険者(65歳以上)と第2号被保険者(40歳以上65歳未満)に分かれる。

表9-8　介護保険の被保険者

被保険者	保険料
第1号被保険者（65歳以上）	居住する自治体が決定
第2号被保険者（40歳以上65歳未満）	加入している医療保険制度（健康保険，国民健康保険，共済）が決定

　生活保護受給者，刑事処遇施設に収監されている者は，公的医療保険に加入できないので，介護保険制度の被保険者にはなれない。

　第1号被保険者の保険料は，居住している自治体の介護保険にかかる費用の総量から，第1号被保険者の保険料の分担率（23%）を，自治体内に居住する65歳以上の人数で割り，一人あたりの1年の基準保険料が算出される。

　介護保険の総費用が大きくなれば一人あたりの保険料は高くなる。また，介護保険の総費用が同じであれば，65歳人口が多いほど一人あたりの保険料は低くなる。

　第1号被保険者の基準保険料の全国平均は，制度導入当初は月額2,911円であったが，2024～26年は月額6,225円と，増加の一途をたどる。

　実際に第1号被保険者の支払う保険料は，自治体によって当事者の納税状況により段階区分が設定されている。段階ごとに基準保険料の45%，75%，90%，20%増，30%増，50%増，70%増など，所得に応じて保険料負担が調整される。

（4）**受給資格**　受給資格は，市町村の「**介護認定審査会**」による要介護認定（自立，要支援1・2，要介護1～5）を経て，確定する。「自立」と認定された場合には，介護保険制度を利用することはできない。

　介護保険の利用は，保険料納付→要介護事故発生（自立に障害が生じる）→介護認定を受け→（ケアプラン作成）→利用者が自己の選択により介護保険サービス供給事業者と契約し，介護保険サービスを受給→1～3割負担で利用─という流れとなる。

（5）**介護認定**　65歳以上の被保険者で自立が阻害されている状態となった者は，介護保険サービスを利用するにあたり，市町村に設置され要介護者の保健，医療，福祉に関する学識を有するものにより構成される介護認定審査会

(14条)による認定審査を受け、ニーズの判定（介護度認定）を受けなければならない。要支援・要介護認定の結果に応じて、介護保険給付額や使えるサービスの種類が決まる。

要介護度の認定は、「介護の手間」を時間（要介護認定等基準時間）に換算して区分される。要介護状態区分における心身の状態の目安は、排せつや食事はほとんどできるが、日常生活動作の一部に介助が必要な状態（要支援）から最重度の介護を全面的に必要とする状態（要介護5）までに分かれる。認定された要介護度に応じて利用できるサービスの限度額が決定され、それぞれ1か月あたりの支給限度額も50,320円程度（要支援1）から362,170円程度（要介護5）である。

要介護認定を受けた利用者は所得に応じて「1割または2割、3割」の自己負担で、「現物給付」による介護サービスを受けることができる（一部、現金による給付もある）。

それぞれのサービスは利用に要する「単位」が決まっている。

利用者は自分の要介護度の限度額の範囲内で、自由にサービスを組み合わせて利用する。

(6) **保険給付**　介護給付、予防給付、市町村ごとに異なる市町村特別給付がある。

介護保険サービスは要介護度に応じて以下のものがある。

表9-9　要介護区分

区　分	介護サービス
要介護認定の非該当	地域の「一般介護予防事業」…運動教室や講演会
要支援1・2	介護保険の介護予防サービス（予防給付）＝サービスの利用によって心身の状態が改善する可能性が高いと判断された人（廃用症候群、低栄養など）、「地域包括支援センター」による介護予防ケアプランの作成。
要介護1～5	介護保険の介護サービス（介護給付）

予防給付は「要支援1・2」該当者が利用でき、状態の改善と悪化の予防を

目的とする。居宅サービスと地域密着型サービス（一部利用不可）での利用となる。

(7) 介護給付　　要介護度1以上の者が利用できる。

(a) 居宅（在宅福祉）サービス　　社会福祉の原型である社会福祉サービスが給付される。

(b) 地域密着型サービス　　住み慣れた地域を離れずに生活を続けられるように，地域の特性に応じた柔軟な体制で提供されるサービスで，事業者の指定については，市町村が指定権限をもつ。

表9-10　介護保険サービス

サービス	内　容
24時間対応の訪問サービス	定期巡回・随時対応型訪問介護看護
複合的なサービス	・小規模多機能型居宅介護（小規模な住居型の施設で，「通い」を中心としながら「訪問」「宿泊」などを組み合わせたサービスを受ける） ・複合型サービス（上記に加えて，看護サービスを受ける）
日帰りのサービス	認知症対応型通所介護
グループホーム	認知症対応型共同生活介護
夜間のサービス	夜間対応型訪問介護
小規模施設サービス（定員30人未満）	・地域密着型介護老人福祉施設入居者生活介護（常に介護が必要で自宅では介護ができない者を対象として，小規模な施設で食事，入浴などの介護や健康管理を受ける） ・地域密着型特定施設入居者生活介護（小規模な介護専用の有料老人ホームなどで食事，入浴などの介護や機能訓練を受ける）

※施設などを利用するサービスは，利用料のほかに食費・居住費などを負担。

(c) 施設サービス　　介護保険の給付として施設に入所が可能なのは，「要介護3」以上の者のみである。

表9-11　介護保険施設

施　設	内　容
介護老人福祉施設	在宅での介護が困難な者が入所し，食事，入浴など日常生活の介護や保健管理を受ける

介護老人保健施設	老人保健施設に入所しリハビリや日常生活上の世話を受ける
介護医療院	医療と介護が一体的に受けられる施設。主に長期の療養を必要とする者が対象。

※利用料のほかに食費・居住費や日常生活費など負担。所得が低い人は「特定入所者介護サービス費」として上限を超えた分が支給される。

(8) **地域支援事業・総合事業**（介護予防・日常生活支援総合事業）　熟年者が要介護状態にならないように予防するための事業で，市町村の判断で実施され，地域包括支援センターが実施を担う。

対象者は，介護予防の視点から生活機能の低下が心配される者や，要介護認定の非該当者である。

(9) **介護保険サービス供給事業者**　介護保険サービスを供給する事業者は，原則的に都道府県知事の指定を受ける（例外は，地域密着型サービスでこれは市町村の指定による）。そのことで指定事業者となり，介護保険が適用され，利用者は1～3割の自己負担で介護サービスを利用できる。指定事業者は，人員，運営などについての基準を順守しなければならない。

(10) **地域包括支援センター**（115条の46）　地域住民の心身の健康の保持および生活の安定のために必要な援助を行い，その保健医療の向上，福祉の増進を包括的に支援する施設で，市町村が設置したり，一定の介護事業者に委託して運営されている。介護予防，包括的・継続的ケアマネジメント，権利擁護・虐待防止，総合相談支援などを行う。

(11) **利用料**　介護保険の利用に際しては，利用者は，負担能力に応じて，利用するサービスに要する費用の1～3割を自己負担する。

自己負担が高額になった場合には，「高額介護サービス費」（51条）が上限となり，それ以上の自己負担はない。同一世帯で介護保険と医療保険の支払いが著しく高額になった場合（同一世帯で介護と医療保険を支払い）には，「高額医療合算介護サービス費」制度があり（51条の2），合算額が上限となる。

(12) **介護保険事業計画**（116条～）　市町村は，各種サービス量や利用者の見込み，施策に関する諸事項を規定する計画（市町村介護保険事業計画）を策定

する。自治体独自の介護サービス（上乗せ，横出しサービス），介護保険料などが計画に盛り込まれる。

⒀　**介護保険の財政**　保険料収入は全体の50％で，残りは公費負担（国，地方自治体）となる。

在宅福祉に関しては，国25％，都道府県12.5％，市町村12.5％の公費負担となる。施設福祉に関しては，国20％，都道府県17.5％，市町村12.5％の公費負担となる。

4．児童福祉

1　児童福祉の原理

児童は「自立」という点からみればほぼ例外なく「非自立」である。高齢者とは逆に，ほぼ全員が一定期間の支援を必要とする。児童福祉の特色は，「非自立」の期間が有限であること，扶養義務者が存在することなどである。

児童は成長してゆくにつれて「自立」してゆくが，成長過程で福祉的支援の役割は減少し，教育の役割が大きくなってゆく。

他の福祉との際立った違いは，「保護者」の存在で，児童福祉の前提となっている。第一義的に児童の福祉的支援の責任は「保護者」にある。

したがって社会的な支援が必要となるのは，保護者に保護がまかせられないか，児童に特段の理由があり保護者の保護が機能しないかというケースが想定できる。

2　児童福祉の法体系

憲法は児童に関しては，義務教育（26条2項）と労働における児童酷使禁止（27条3項）の規定しかおいていない。具体的な児童福祉に関しては児童福祉法が中核となる。さらに個別の福祉施策に関して，子ども・子育て支援法，就学前の子どもに関する教育，保育等の総合的な提供の推進に関する法，母子・父子・寡婦福祉法，母子保健法，子どもの貧困対策法などが存在する。なお児童

福祉に関しては，国連が「児童の権利条約」（1989年）を採択しており，わが国も1994（平成6）年に同条約を批准しており，国内法と同等の効力を有する。

3　児童福祉法の概要

わが国の児童福祉法は，貧困や非行など特殊な配慮や保護を必要とする児童のみを対象とした法ではなく，児童一般の福祉法という性格ももつ。したがって，障害児の福祉や，乳児院，保育所，学童保育から，「身体に障害又は形態上の異常がある児童を公衆の観覧に供する行為」の禁止などの禁止行為（34条～），触法少年，児童館まで幅広い規定が盛り込まれている。

同時に児童福祉法は，児童福祉の基本法でもある。児童福祉法1・2条は，すべての国民が「児童が心身ともに健やかに生まれ，且つ，育成されるよう」努力しなければならず，すべての児童は「その生活を保障され，愛護されねばならない」と児童福祉の基本的精神・理念を定めている。続いて国，地方公共団体は児童の保護者とともに，児童の心身の健やかな育成に対する責務を負うことを規定する（2条3項）。これらが児童福祉を保障するための原理であり，「すべて児童に関する法令の施行にあたって，常に尊重されなければならない」（3条）。したがって，児童福祉法だけでなく，児童手当法や少年法，学校教育法のような児童の福祉に関連する法も，児童福祉法の定める原理を遵守しなければならない。

児童福祉法では児童を，「満18歳未満の者」（4条）とし，児童はさらに，乳児（満1歳に満たない者），幼児（満1歳から，小学校就学の始期に達するまでの者），少年（小学校就学の始期から，満18歳に達するまでの者）に分かれる。なお都道府県等は，児童福祉施設の入所期間を必要に応じて20歳まで延長することができる（児童福祉法31条）。

身体障害児，知的障害児も児童福祉法の児童に該当する。身体障害者福祉法，知的障害者福祉法は，その施策対象を基本的には18歳以上の障害者としているが，児童であっても身体障害者福祉法の規定する「身体障害者手帳」を取得することはできる（身体障害者福祉法15条1項，ただし書）。

児童福祉法には国籍要件がない。したがって無国籍児童や不法滞在外国人の子であっても児童福祉の適用対象となることができる。

児童の福祉的支援は「保護者」を前提にしているといっても，児童福祉は社会福祉の一環であり，市町村の業務（10条），都道府県の業務（11条）や責務などの公的責任が消失するわけではない。

児童福祉に関して重要な役割を担う機関として，児童相談所がある（12条）。地域内の児童の実情を把握し，児童に関する家庭からの相談に応じたり，児童の医学的，心理学的，教育学的な判定などを行う。また児童虐待などの対応として一時保護施設を併設する。

4　児童福祉法の支援の体系

児童福祉の第一義的に児童の福祉的支援の責任は「保護者」にある。

それゆえ児童福祉制度は「保護者」の態様により，①扶養義務者が特別の状態にあり，児童福祉のニーズをカバーできない場合，②児童が特別の状態にあり，扶養義務者の通常の扶養では児童福祉のニーズをカバーできない場合，③個人の責任ではカバーできない場合に大別できる。

表9-12　児童福祉の体系

「保護者」の態様	例
①扶養義務者が特別の状態にあり，児童福祉のニーズをカバーできない場合	1）扶養義務者の就労・疾病など一時的なもの 2）扶養義務者の不適格・虐待，ネグレクトなど 3）扶養義務者の不存在・収監・失踪・死亡 4）禁止行為
②児童が特別の状態にあり，扶養義務者の通常の扶養では児童福祉のニーズをカバーできない場合，	1）児童の疾病など一時的なもの 2）児童の心身の障害　→→障害者総合支援法 3）児童の虞犯など
③個人の責任ではカバーできない場合	1）相談 2）児童の成長の環境整備

(1)　扶養義務者の就労・疾病など一時的なものに対する児童福祉のしくみ

就労や疾病など扶養義務者の事情により，扶養義務者・保護者からの養育が

一時的に受けられない児童に対して、扶養義務者以外の者が児童を一時的に支援する。施設で行う処遇と、在宅での処遇がある。施設については、さらに、通所・利用施設と入所施設がある。

(a) 施設処遇

表9‐13 児童福祉の施設

施　設	内　容
保育所（39条）	保育を必要とする乳児・幼児を保護者の下から通わせて保育を行う
幼保連携型認定こども園 （39条の2）	満3歳以上の幼児に対する教育および保育を必要とする乳児・幼児に対する保育を一体的に行い、乳児または幼児の健やかな成長が図られるよう適当な環境を与えて、その心身の発達を助長する
事業所内保育所 （6条の3⑫）	事業主が、保育を必要とする満3歳未満の従業員の子を、事業主の設置する施設または委託した保育を実施する施設で、保育を行う事業。 満3歳以上の保育が必要と認められる児童に、上記の施設で保育を行う事業。

(b) 子育ての多様化　多様な子育てニーズに対応するため、従来の保育所、幼稚園に加えて両者の機能をあわせもつ「認定こども園」が新設された（2012年子ども・子育て支援法など）。

「認定こども園」は「教育・保育を一体的に行う」施設で、認定基準を満たし都道府県等から認定を受けた施設である。「認定こども園」には、地域の実情や保護者のニーズに応じて選択が可能となるよう多様なタイプがある。

保育所の入所については、認定を受けたうえで、利用者の選択に基づいて児童福祉施設と契約により、利用する。

費用負担については、3歳児以上は無料で、3歳児未満は応能負担である。

(c) 在宅による処遇

表 9-14 在宅福祉

事業名称	内容
学童保育（放課後児童健全育成事業）（6条の3②）	保護者が昼間家庭にいない小学校就学児童に，放課後に児童厚生施設等の施設を利用して適切な遊びや生活の場を与えて，健全な育成を図る事業
子育て短期支援事業（6条の3③）	保護者の疾病などで家庭での養育が一時的に困難となった児童に，児童養護施設などの施設に入所させ，必要な保護を行う事業
養育支援訪問事業（6条の3⑤）	保護者の養育を支援することが特に必要な児童，保護者に監護させることが不適当である児童およびその保護者，出産後の養育について出産前の支援が特に必要な妊婦に対し，児童の居宅で，養育に関する相談，指導，助言など必要な支援を行う事業
一時預かり事業（6条の3⑦）	家庭での保育が一時的に困難となった乳児や幼児に，保育所，認定こども園などで一時的に預かり，必要な保護を行う事業
小規模住居型児童養育事業（6条の3⑧）	保護者のいない児童または保護者による監護が不適当である児童について，養育相当の経験のある者の住居で養育を行う事業
家庭的保育事業（6条の3⑨）	家庭で必要な保育を受けることが困難な満3歳未満の乳児や幼児に※，研修を受けた「家庭的保育者」の自宅などで，家庭的保育者による保育を行う事業（利用定員が5人以下であるものに限る）
小規模保育事業（6条の3⑩）	保育を必要とする満3歳未満の乳幼児に※，保育施設（利用定員が6人以上19人以下であるものに限る）で保育を行う事業
居宅訪問型保育事業（6条の3⑪）	満3歳未満の乳児・幼児に，その家庭で「家庭的保育者」による保育を行う事業
病児保育事業（6条の3⑬）	病気にかかっている乳児・幼児，または家庭で保育を受けることが困難な病気の小学校就学児童について，保育所，認定こども園，病院，診療所などで，保育を行う事業

※加えて，満3歳以上の幼児に係る保育の体制の整備の状況その他の地域の事情を勘案して，保育が必要と認められる満3歳以上の児童についても支援の対象とする。

(2) 扶養義務者の不適格・虐待，ネグレクト・不存在・収監・失踪・死亡

児童福祉法では「保護者のない児童又は保護者に監護させることが不適当であると認められる児童」（6条の3第8項）に特別の保護を規定している。

親権者による虐待については児童虐待防止法による対応となる。

(a) 施設による対応

表9-15 児童福祉施設

施設の種類	目的
助産施設（36条）	保健上必要であるが，経済的理由により，入院助産を受けることができない妊産婦を入所させて，助産を受けさせる。
乳児院（37条）	乳児（特に必要のある場合には，幼児を含む）を入院させて養育する。
母子生活支援施設（38条）	配偶者のない女性またはこれに準ずる事情にある女性とその者の監護すべき児童を入所させて保護するとともに，その者の自立の促進のために生活を支援する。
児童養護施設（41条）	保護者のない児童（乳児を除く。ただし，安定した生活環境の確保その他の理由により特に必要のある場合には，乳児を含む），虐待されている児童その他環境上養護を要する児童を入所させて養護する。

※いずれの施設も退所した者について相談その他の援助を行う。
設置は，国，都道府県，市町村は届出で，社会福祉法人，その他の者の場合は認可である。

(b) 事業による対応

表9-16 児童福祉事業

制度	内容
里親（6条の4）	都道府県知事が行う研修を修了した里親による養育
児童自立生活援助事業（6条の3）	義務教育終了後，児童養護施設，児童自立支援施設等を退所した20歳未満の就職する児童に対して，「自立援助ホーム」において，相談その他の日常生活上の援助，生活指導，就業の支援などを行う。また援助の実施を解除された者への相談その他の援助を行う

「自立援助ホーム」とは義務教育終了後，家庭や施設にいられなくなり，働かざるを得なくなった児童が共同生活を営む施設である。

5 児童が特別の状態にあり，扶養義務者の通常の扶養では対応できない

児童が特別の状態にあり，扶養義務者の通常の扶養では対応できない場合として，(1)児童の長期的疾病など，(2)児童の心身の障害，(3)児童の虞犯—などが考えられる。

(1) 児童の長期的疾病など

表 9-17　疾病をもつ児童への対応

制　度	内　容
保健所長による療育の指導（19条②）	疾病により長期の療養が必要な児童に対して，保健所長が，診査，相談，必要な療育の指導を行う
療育の給付（20条）	都道府県が，結核にかかっている児童の療養と学習の援助のため，児童を入院させて療育の給付を行う
小児慢性特定疾病医療費の支給（19条の2～）	都道府県による医療費の支給

(2)　児童の心身の障害　　障害児への児童福祉サービスは，(a)保健医療的側面を有するものと，(b)自立支援的側面を有するものがある。前者は障害の軽減，現在の能力の維持などを医療的観点を含めて支援するものであり，後者は児童の生活訓練などにより日常生活や社会生活の能力を強化し支援するものである。

(a)　保健医療的側面をもつもの

表 9-18　障害児への保健医療的支援

制　度	内　容
自立支援医療(育成医療)※	身体障害児の障害状態の軽減を図り，自立した日常生活や社会生活を営むために必要な医療
（医療型）障害児入所施設（42条）	障害児の保護，日常生活の指導，独立自活に必要な知識技能を付与し，あわせて治療や医療的支援も行う入所施設
（医療型）児童発達支援センター（43条）	障害児の日常生活における基本的動作の指導，独立自活に必要な知識技能の付与または集団生活への適応のための訓練を行い，あわせて治療や医療的支援も行う通所施設

※障害者総合支援法が規定する（5条24項）

(b)　自立支援的側面　　(ア)　施設による対応

表 9-19　障害児への自立支援

施　設	内　容
（福祉型）障害児入所施設（42条）	障害児の保護，日常生活の指導，独立自活に必要な知識技能を付与する入所施設。

(福祉型) 児童発達支援センター (43条)	障害児の日常生活における基本的動作の指導, 独立自活に必要な知識技能の付与または集団生活への適応のための訓練を行う通所施設.
児童心理治療施設 (43条の2)	(軽度の情緒障害を有する児童) 家庭環境, 学校における交友関係その他の環境上の理由により社会生活への適応が困難となった児童を, 短期間入所させ, または通わせて, 社会生活に適応するために必要な心理に関する治療および生活指導を主として行う施設. また退所した者について相談その他の援助を行う.

　これらの施設の利用は「障害児入所給付費」の支給という形で行われるが (24条の3), 実際には給付費の支給ではなく「代理受領」となる (24条の3第8項).

　(イ)　在宅事業による対応

表9-20　児童福祉の在宅事業

事業名	内容
放課後等デイサービス (6条の2の2④)	就学している障害児に, 放課後または休業日に児童発達支援センターなどの施設に通わせ, 生活能力の向上のために必要な訓練, 社会との交流の促進などを行う事業
居宅訪問型児童発達支援 (6条の2の2⑤)	児童福祉サービスを利用するための外出が著しく困難な重度障害の状態やこれに準ずる障害児に, その家庭を訪問し, 日常生活上の基本的な動作の指導, 知識技能の付与, 生活能力の向上のために必要な訓練などを行う事業
保育所等訪問支援 (6条の2の2⑥)	保育所など児童が集団生活を営む施設に通う, または入所している障害児について, それらの施設を訪問し, 施設における障害児以外の児童との集団生活への適応のための専門的な支援などを行う事業
障害児支援利用援助 (6条の2の2⑧)	障害児が利用する障害児通所支援の種類および内容などの事項を定めた「障害児支援利用計画」を作成すること

(3)　児童の虞犯　　児童の行動が不良, 犯罪的傾向をもち, 家庭での支援が適切でない場合, 施設入所による支援となる.

表9-21 虞犯児童の施設

施　設	内　容
児童自立支援施設 (44条)	不良行為をなした，またはするおそれのある児童，家庭環境などの他の環境上の理由により生活指導等を必要とする児童を入所させ，または保護者の下から通わせて，必要な指導を行い，その自立を支援する。あわせて退所者について相談その他の援助を行う。

(4) 児童の一般的な健全育成（個人の責任ではカバーできない場合） (a) 施設における対応

表9-22 健全育成のための施設

施　設	内　容
児童家庭支援センター (44条の2)	専門的な知識や技術を必要とする家庭などからの相談に応じ，必要な助言を行う。また市町村に技術的助言などの他必要な援助を行う。保護を要する児童またはその保護者に対する指導および児童相談所等との連携・連絡・調整等を総合的に行う。

(b) 事業による対応

表9-23 健全育成のための事業

事　業	内　容
乳児家庭全戸訪問事業 (6条の3④)	市町村区域内の乳児のいる全家庭を訪問し，子育てに関する情報の提供，乳児とその保護者の心身の状況および養育環境の把握を行うほか，養育についての相談に応じ，助言その他の援助を行う事業

第10章 所得保障制度の概要

1．収入の停止・減少

　傷病や失業，障害，加齢などにより所得の喪失や減少が恒常的に生じている場合，定期的給付（年金）で生活保障がなされる。これらの生活保障のためにわが国では，基礎的生活保障と従前の生活水準に準じた生活保障という異なる目的をもつ混合型生活保障を，地域制度と職域制度の二つにより達成しようとしている。

　具体的には，すべての国民がまず基礎年金制度に属しこれにより基礎的生活を保障し，被用者はさらに被用者年金に加入することで従前の生活水準に準じた生活保障を行う。

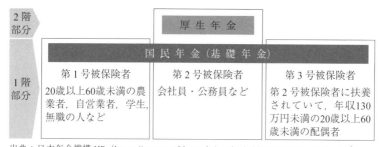

出典：日本年金機構HP（https://www.nenkin.go.jp/service/seidozenpan/20140710.html）
図10‐1　年金制度の概要1

第Ⅲ部 各　　論

表10‐1　年金制度の概要２

制　度	被保険者	保険者	保険料	保険料の算出基準	給　付	国庫補助
国民年金	全国民	政府	定額	定額	定額	あり
被用者年金	被用者	政府	報酬比例	報酬比例	報酬比例	なし

1　基礎的生活保障──基礎年金

全国民に基礎的な生活を保障するために，基礎年金を社会保険方式により保障するのが，国民年金制度である。

(1)　保険者　　保険者は政府である。事業に関する権限は厚生労働大臣がもち，大臣の権限にかかる事務の多くは，日本年金機構に委託・委任されており，厚生労働大臣は年金機構の監督を行う。

事務の一部（第１号被保険者にかかる申請の受理等）は，市町村長により実施されている。

(2)　被保険者　　国民年金法は全国民を三つの被保険に分類している。

表10‐2　国民年金の被保険者

	第１号被保険者	第２号被保険者	第３号被保険者
対象者	学生・自営業者・農林漁業者等[※1]	会社員・公務員等	国内に居住し，第２号被保険者に扶養されている20歳以上60歳未満の配偶者[※2]
加入する制度	国民年金	国民年金＋厚生年金保険	国民年金
保険料の納付方法	各自が納付	職場を通じて納付（給料から天引き）	なし（第２号被保険者の加入制度が負担）

※１　日本国内に住む20歳以上60歳未満の人は，すべて国民年金の被保険者となる。第２号被保険者や第３号被保険者とならない人はすべて第１号被保険者として扱われる。
※２　扶養とは，年収が130万円未満であり，かつ，配偶者の年収の２分の１未満であること。

(3)　保険料　　国民年金の保険料は月額16,980円（平成16年度価格）である。なお，国民年金の実際の保険料額は，平成16年度価格の額に，賦課される時点までの賃金上昇率（名目）を乗じて定められる。

(a) 第1号被保険者　　第1号被保険者は，月額（16,980円，令和6年度）の保険料を自分で納める。

被保険者である世帯主は，その世帯に属する被保険者の保険料について，また，配偶者の一方は被保険者である他方の配偶者の保険料について，それぞれ連帯して納付する義務がある。

(b) 第2号被保険者（厚生年金の被保険者）　　国民年金の第2号被保険者（厚生年金の被保険者）は，給与や賞与に，定められた厚生年金保険料率（18.3％）で計算した額を事業主と折半で負担する。

(c) 第3号被保険者　　第3号被保険者は，自ら保険料を納める必要はなく，その費用は第3号被保険者の配偶者が加入する厚生年金から拠出される。法的には「被扶養配偶者を有する被保険者が負担した保険料について，当該被扶養配偶者が共同して負担したものである」（厚生年金保険法78条の13）ということになる。

2　従前の生活保障――被用者年金

従前の生活の一定水準を保障する被用者年金制度には，厚生年金，共済組合，船員保険などの制度があるが，ここではその中心と考えられる厚生年金制度について述べる。

わが国は「二階建て年金」制度なので，厚生年金制度の各年金は，国民年金の各基礎年金に上乗せして受給できる。

(1) **厚生年金制度の保険者**　　保険者は政府である。事業に関する権限は，共済組合等が実施するものを除き，厚生労働大臣が有する。厚生労働大臣の権限に係る事務の多くは，日本年金機構に委託・委任されており，厚生労働大臣は年金機構の監督を行う。

(2) **被保険者**　　被保険者は適用事業所に雇用されている70歳未満の者である。パートタイマー・アルバイトなどでも事業所と常用的使用関係にある場合は，被保険者となる。1週間の所定労働時間および1か月の所定労働日数が同じ事業所で同様の業務に従事している通常の労働者の4分の3以上である者も

対象となる。

　厚生年金保険は，事業所単位で適用される（強制適用事業所および任意適用事業所）。株式会社などの法人の事業所（事業主のみの場合を含む）や，従業員が常時5人以上いる事業所が強制適用事業所となる。適用事業所以外の事業所であっても，従業員の半数以上が厚生年金保険の適用事業所となることに同意し，事業主が申請して厚生労働大臣の認可を受けることにより適用事業所となることができる。

　(3)　**保険料**　厚生年金の保険料は給与等の18.3％である。実際の給与や賞与をもとに定める標準報酬月額（1等級［88,000円］〜32等級［650,000円］）や標準賞与額に18.3％をかけた額が保険料となり，これを労使折半で負担する。

3　年金給付

　年金給付は老齢（老齢期の生活保障），障害（障害状態にある期間の生活保障），遺族（生計維持者を失った遺族の生活保障）という要保障事故に対応している。万人が遭遇する老齢を基本にし，障害，遺族の給付額はそのバリエーションとなる。

　年金により国民の基礎的生活を保障するといっても，国民年金は社会保険方式を採用しているため，加入期間や保険料納入期間によって，最低額を割り込むこともある。

　(1)　老齢

表10-3　年金給付の概要

要保障事故 ―年金	制度	受給要件	受給年齢	受給額
基礎的生活保障	国民年金 ―老齢基礎年金	保険料納付済期間と保険料免除期間などを合算した受給資格期間が10年以上。	65歳から	20〜60歳の40年間の保険料をすべて納めると満額。

従前の生活保障	厚生年金	老齢基礎年金を受け取る者に厚生年金の加入期間がある場合。	65歳から	厚生年金に加入していたときの報酬額や加入期間等に応じて計算される。年金額＝報酬比例部分＋経過的加算＋加給年金額

(a) **老齢基礎年金**　老齢基礎年金の額は，図10-2の式により算出される。

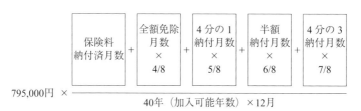

図10-2　老齢基礎年金の額

国民年金保険料の一部免除（4分の3免除，半額免除，4分の1免除）の承認を受けた期間は，減額された保険料を納めていない場合，未納期間扱いとなる。免除等期間について，あとから保険料を追納している期間は，保険料納付済期間に含む（学生納付特例，納付猶予の期間は，保険料を追納していない場合，年金額には反映されない）。

60歳から65歳までの間に受給を繰上げて減額された年金を受け取る「繰上げ受給」や，66歳から75歳までの間に繰下げて増額された年金を受け取る「繰下げ受給」を選択することができる。

(b) **マクロ経済スライド**　生活保障のためには，将来受けとる給付の価値も保障されなければならない。スライド制が採用される所以である。基礎年金制度では，マクロ経済スライドとばれる現役人口の減少（年金の負担）や平均余命の伸び（年金の受給）などにあわせて，年金の給付水準を自動的に調整する仕組みがある。

マクロ経済スライドでは，賃金や物価による年金額の伸びから，現役の被保険者の減少と平均余命の伸びに応じて算出した「スライド調整率」を差し引い

第Ⅲ部　各　論

て，年金額を改定する。「スライド調整率」は，現役世代が減少してゆくことと平均余命が伸びてゆくことを考えて，「公的年金全体の被保険者の減少率の実績」と「平均余命の伸びを勘案した一定率（0.3％）」で計算される。

　マクロ経済スライドの仕組みは，賃金や物価がある程度上昇する場合にはそのまま適用される。

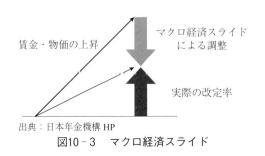

出典：日本年金機構HP
図10 - 3　マクロ経済スライド

　（c）　被用者年金　　被用者年金は，基本的に従前の生活の一定水準を保障しようとするものなので，給付は，報酬に比例した保険料拠出額と期間によって決定される。

　（d）　在職老齢年金　　厚生年金受給者が，就労しており，その収入と受給できる年金額の合算が一定額を超えた場合，老齢厚生年金が減額される制度である。生活保障の点からすれば就労による所得があれば，生活保障の必要性は少なく，年金給付の減額には一定の合理性がある。一方では高齢者の就労意欲をそぐ面もあり，労働による自己実現を阻害することにもなる。

　(2)　障害　　障害基礎年金は一定の障害程度にある者に支給される。

表10 - 4　障害年金の概要

要保障事故 ―年金	制　度	受　給　要　件	年　金　額
基礎的生活保障	障害基礎年金	以下のすべての要件を満たしているとき。 ①障害の原因となった病気やケガの初診日が次のいずれかの間にあること。 ・国民年金加入期間	20歳〜60歳の40年間の保険料をすべて納めると満額

		・20歳前または日本国内に住んでいる60歳以上65歳未満で年金制度に加入していない期間 ②障害の状態が，障害認定日（障害認定日以後に20歳に達したときは，20歳に達した日）に，障害等級表の1級または2級に該当していること。 ③初診日の前日に，初診日がある月の前々月までの被保険者期間で，国民年金の保険料納付済期間と保険料免除期間をあわせた期間が3分の2以上あること。 ※20歳前の年金制度に加入していない期間に初診日がある場合は，納付要件は不要。	
従前の生活保障	障害厚生年金	以下のすべての要件を満たしているとき。 ①厚生年金保険の被保険者である間に，障害の原因となった病気やケガの初診日があること。 ②障害の状態が，障害認定日に，障害等級表の1級から3級のいずれかに該当していること。 ③初診日の前日に，初診日がある月の前々月までの被保険者期間で，国民年金の保険料納付済期間（厚生年金保険の被保険者期間，共済組合の組合員期間を含む）と保険料免除期間をあわせた期間が3分の2以上あること。	【1級】（報酬比例の年金額）×1.25＋〔配偶者の加給年金額(234,800円)〕 【2級】（報酬比例の年金額）＋〔配偶者の加給年金額(234,800円)〕 【3級】（報酬比例の年金額）

　障害年金の支給対象となる障害の程度（障害等級）は概ね表10‑5の通りである。

表10‑5　障害等級

障害の程度	障害の状態
1級	他人の介助を受けなければ日常生活のことがほとんどできないほどの障害の状態
2級	必ずしも他人の助けを借りる必要はなくても，日常生活は極めて困難で，労働によって収入を得ることができないほどの障害の状態。
3級 （被用者年金のみ）	労働が著しい制限を受ける，または，労働に著しい制限を加えることを必要とするような状態。

　障害基礎年金の請求時期（障害厚生年金も同様である）は，障害の状態に該当

した時期に応じ，以下の二つの請求方法がある。

障害認定日に法令に定める障害の状態にあるときは，障害認定日の翌月分から（障害認定日以後に20歳に達したときは，20歳に達した日の翌月分から）年金を受給できるが，障害認定日にその状態になかったが，その後症状が悪化し，法令に定める障害の状態になったときには請求日の翌月から障害年金を受給できる（事後重症による請求）。

(3) 遺族年金　遺族年金の「遺族」の範囲が国民年金と被用者年金では異なる。

表10　6　遺族年金の概要

要保障事故―年金	制　度	受給要件	受給対象者	年金額
基礎的生活保障	国民―遺族基礎年金	以下のいずれかの要件を満たしている者が死亡したとき ①国民年金の被保険者の死亡 ②国民年金の被保険者であった60歳以上65歳未満の者で，日本国内に住所のある者の死亡 ③老齢基礎年金の受給権者の死亡 ④老齢基礎年金の受給資格を満たした者の死亡 ＊①および②の要件については，死亡日の前日において，保険料納付済期間（保険料免除期間を含む）が国民年金加入期間の3分の2以上あること。 ＊③および④の要件については，保険料納付済期間，保険料免除期間および合算対象期間を合算した期間が25年以上こと。	死亡した者に生計を維持されていた以下の遺族 ①子のある配偶者 ②18歳未満，または20歳未満で障害年金の障害等級1級または2級の状態にある子。	子のある配偶者が受け取るとき ＝795,000円＋子の加算額 子が受け取るとき次の金額を子の数で割った額が，1人あたりの額となる。 795,000円＋2人目以降の子の加算額 ・1人目および2人目の子の加算額　各228,700円 ・3人目以降の子の加算額　各76,200円

従前の生活保障	遺族厚生年金	以下のいずれかの要件を満たしている者が死亡したとき ①厚生年金保険の被保険者の死亡 ②厚生年金の被保険者期間に初診日がある病気やケガが原因で初診日から5年以内に死亡したとき ③1級・2級の障害厚生（共済）年金を受給している者の死亡 ④老齢厚生年金の受給権者の死亡 ⑤老齢厚生年金の受給資格を満たした者の死亡 ＊①および②の要件については，死亡日の前日において，保険料納付済期間（保険料免除期間を含む）が国民年金加入期間の3分の2以上あることが必要。 ＊④および⑤の要件については，保険料納付済期間，保険料免除期間および合算対象期間を合算した期間が25年以上あること。	死亡した者に生計を維持されていた以下の遺族のうち，もっとも優先順位の高い者が受け取る。 1．妻[※1] 2．子 3．夫[※2] 4．父母[※3] 5．孫 6．祖父母[※3] 子，孫については，18歳未満，または20歳未満で障害年金の障害等級1級または2級の状態にあること 夫，父母，祖父母については：死亡当時に55歳以上に限る ※1 子のない30歳未満の妻は，5年間のみ受給できる。 ※2 受給開始は60歳から。 ※3 受給開始は60歳から	死亡した者の老齢厚生年金の報酬比例部分の4分の3の額 ・65歳以上で老齢厚生（退職共済）年金の受給権がある者が，配偶者の死亡による遺族厚生年金を受け取るときは，「死亡した者の老齢厚生年金の報酬比例部分の4分の3の額」と「死亡した者の老齢厚生年金の報酬比例部分の額の2分の1の額と自身の老齢厚生（退職共済）年金の額の2分の1の額を合算した額」を比較し，高い方の額が遺族厚生年金の額となる。

　なお，表10-6受給要件の①，②および③に基づく遺族厚生年金の場合，報酬比例部分の計算において，厚生年金の被保険者期間が300月（25年）未満の場合は，300月とみなして計算する。被用者年金は，従前の生活水準を基本に考えるが，この部分は最低保障の意味がある。

　また遺族厚生年金には，中高齢寡婦加算制度があり，夫の死亡時に40歳以上65歳未満で，子を養育している妻の生活に配慮して，妻が受ける遺族厚生年金

には，40歳から65歳になるまでの間，612,000円（年額）が加算される（中高齢寡婦加算）。

2．所得の短期的な中断——休職・休業

　休職・休業とは，労働者が従業員の地位を維持したまま就労しないことを指す。労働者本人の傷病や出産，家族の育児や介護などのため就労しない場合である。この場合，労働者は従業員の地位は保持したままなので，休職，休業の原因が消滅すれば復職が可能である。一方で，就労していないのでその間，賃金は支払われない。その間の収入の停止を補填するため社会保障給付がなされる。

　傷病に関しては，被用者の医療保障制度である健康保険などから「傷病手当金」という形で支給される。業務外のケガや病気で，4日以上労働不能の場合，4日目から標準報酬日額の3分の2（月給日額の67％）が，最長1年6か月支給される。

　育児や介護を原因とする休業に関しては，雇用保険法から標準報酬日額の3分の2（月給日額の67％）が育児休業給付金，介護休業給付金という形で支給される。

3．所得の短期的な中断——失業

　労働者は失業することによって生活の糧を失うことになり，本人やその家族に生活保障の必要性が生じる。

　一方で就労するという本人の願望を実現することに対して，個人の努力を前提として公的支援を行うことがある。労働市場への復帰により収入を確保するために必要な支出を，「特別の出費」として社会保障の要保障事故とすることは可能である。

　わが国では社会保険によって失業労働者の生活保障を行っている。これが雇

用保険である。雇用保険には生活保障と同時に，就職に向けての支援も含む。

雇用保険は，失業の予防，雇用状態の是正，雇用機会の増大，労働者の能力の開発向上など労働者の福祉の増進を図るための事業をも内包する。

① 保険者　　雇用保険は政府が管掌する。

② 被保険者　正規雇用，非正規，パート，アルバイトなど雇用形態にかかわらず，1週間の所定労働時間が20時間以上であり，31日以上の雇用見込みがある者（学生を除く）は，被保険者となる。

社会保障法として取り上げるのは，雇用保険制度の中で生活保障に関連する部分である。

表10-7　雇用保険の概要

	対象	内容
基本的な生活保障	失業	求職者給付（基本手当，技能習得手当，寄宿手当，傷病手当，高年齢求職者給付金，特例一時金，日雇労働求職者給付金）
	特別の支出	移転費（就職促進給付），求職活動関係役務利用費（求職活動支援費）など

1　雇用保険の給付

表10-8　雇用保険の給付

制度	内容	受給額
基本手当	雇用保険の被保険者が，定年，倒産，契約期間の満了等により離職し，失業した者に対し，働く意思と能力を有し，求職活動を行っているが就職できない場合に支給	給付日数（基本手当の支給を受けることができる日数）は，離職時の年齢，被保険者期間，離職理由などによって決定され，90～360日の間でそれぞれ決定
寄宿手当	公共職業訓練等を受けるために，家族と別居して寄宿する場合に支給	月額10,700円

傷病手当	受給資格者が離職後，公共職業安定所で求職申込をしたのちに15日以上引き続いて疾病または負傷のために就業できない場合に支給	基本手当の日額と同額
高年齢求職者給付金	高年齢被保険者が失業した場合 ※算定対象期間（原則は離職前1年間）に被保険者期間が通算して6か月以上あること	被保険者であった期間に応じ基本手当日額の30日分または50日分に相当する額
特例一時金	季節的に雇用されている者等の短期雇用特例被保険者が失業した場合に支給 ※算定対象期間（原則は離職前1年間）に被保険者期間が通算して6か月以上あること	特例受給資格者を一般被保険者とみなして計算した基本手当の日額の30日分（ただし，当分の間は暫定措置で40日分となる）
日雇労働求職者給付金	日雇労働被保険者が失業した場合に，その雇用形態に即した求職者給付を支給する ※日雇労働者とは，日々雇い入れられる者および30日以内の期間を定めて雇い入れられる者を指す	

2 基本手当

失業中の生活保障の中心となるのは基本手当である。その日額（基本手当日額）は，年齢区分ごとにその上限額が定められている。

表10-9 基本手当の額
（令和6年8月1日現在）

年　齢	額
30歳未満	7,065円
30歳以上45歳未満	7,845円
45歳以上60歳未満	8,635円
60歳以上65歳未満	7,420円

給付日数は，失業者の年齢，失業の理由，被保険者であった期間により，90～360日の間で異なる。

3　就職促進給付

　就職促進給付のほとんどは，生活保障というよりは，就職に向けてのインセンティブを高める給付であり，本来的には社会保障法の対象ではない。しかし就職に関する「特別の出費」と位置づければ，社会保障法の対象である。求職活動に関する交通費や宿泊費が支給されたり（広域求職活動費），教育訓練のための入学金，受講料が支給される（短期訓練受講費），就職のための転居費支給（移転費）などがある。就業促進手当（再就職手当，就業促進定着手当，就業手当，常用就職支度手当）は，再就職した者に対して基本手当の支給残日数などを考慮し現金給付を行うものである。

4．家計負担の軽減

　収入はかわらないが，家計に占める特定の支出が重く，生活を圧迫することがある。わが国ではそのような家計を圧迫する要保障事故について，子どもの養育を中心に制度を構築している。児童手当，児童扶養手当，特別児童扶養手当制度である。

　これらは社会保険方式をとらず，無拠出で税を財源としている。また児童養育という私的領域に過度に介入せず，かつ一定の社会的支援を平等に行うという点で，給付は定額制をとっている。

1　児童手当制度

　児童手当制度は，児童を養育している者に児童手当を支給することにより，家庭などにおける生活の安定に寄与するとともに，次代の社会を担う児童の健やかな成長に資することを目的する。所得制限はない。

　(1)　**支給対象**　　高校卒業まで（18歳の誕生日後の最初の3月31日まで）の児童を養育している者。

　児童が施設に入所している場合や里親などに委託されている場合は，原則として施設の設置者や里親などに支給される。

(2) 支給額

表10‐10　児童手当の額

児童の年齢	児童手当の額（一人あたり月額）
3歳未満	一律15,000円
3歳以上高校生年代まで	10,000円（第3子以降は30,000円）

2　児童扶養手当制度の概要

離婚や親の死去などによる単親家庭で養育されている児童や，父または母と生計を同じくしていない児童が育成される家庭の生活の安定と自立の促進のために，当該児童について児童扶養手当が支給される。

所得制限があり，扶養義務者やその配偶者の所得によって全部支給または一部支給となる。

表10‐11　児童扶養手当の支給額

区　分	全部支給（月額）	一部支給（月額）
児童1人	45,500円	45,490～10,740円の範囲
児童2人目以上の加算	児童1人増すごとに10,750円加算	10,740～5,380円の範囲

3　特別児童扶養手当

精神または身体に障害のある児童の福祉の増進を図ることを目的とする。

(1) 支給要件　　20歳未満で重度または中度の障害があり，日常生活において一定の介助などを必要とする児童を家庭で監護，養育している父母などに支給される。

所得制限があり受給資格者（障害児の父母等）もしくはその配偶者または生計を同じくする扶養義務者（同居する父母等の民法に定める者）の前年の所得が一定の額以上であるときは手当は支給されない。

(2) 支給月額（令和6年4月～）

表10-12　特別児童扶養手当の支給額

障害等級	支給月額
1級（重度の障害を有する児童）	55,350円
2級（中度の障害を有する児童）	36,860円

第11章 労働災害補償

1. 労働災害

　労働災害について，それを引き起こした個別企業による補償ではなく，社会保障によってこれを行うのは，企業責任を不問とすることではなく，災害の補償を社会化し，被災した労働者とその家族の生活保障をより実効的に行うためである。したがって企業の責任を不問としているわけではなく，責任は追及される。

　労働災害は，労働者がその労働に関連して被災した災害を指す。具体的には，**「業務起因性」**（＝労働に由来する災害か），**「業務遂行性」**（＝業務中に生じた災害か）という二つの判断基準が使用される。「業務遂行性」として業務中に生じた災害であれば，基本的に労働災害とみなされる。「業務起因性」は，その災害が就労時間中に生じたかではなく，その災害が業務に起因しているかという基準である。例えば，職業病や過労死のようなものは，職務中に発症するわけではないが，それが「業務」に起因するので，労働災害とみなされる。

　なお，通勤は就労のために必要不可欠な行為であるので，労働災害補償制度により保護される。

2. 労災保険制度

　わが国では就労中のケガや就労に起因する病気などについては，社会保険方式の労災補償制度によって社会的支援がなされる（労働者災害補償保険法）。

　労災保険制度は，労働者の業務上の事由または通勤による労働者の傷病など

に対して必要な保険給付を行う。あわせて被災労働者の社会復帰の促進などの事業も内包している。その費用は，原則として事業主の負担する保険料によってまかなわれている。

労災保険法は「強いられた災害」に対する保障であるがゆえに，他の社会保険法にはない特色がある。保険料拠出は事業主のみであること，事業を開始した時点で保険加入とみなされること，保険料は**メリット制**（保険利用の頻度や業務の危険性に応じて保険料が認定される）をとっている点などである。

労災保険においては，原則として一人でも労働者を使用する事業は，業種の規模の如何を問わず，すべてに適用される。労災保険における労働者とは，「職業の種類を問わず，事業に使用される者で，賃金を支払われる者」をいい，労働者であればアルバイトやパートタイマーなどの雇用形態は関係ない。

労災年金給付などの算定の基礎となる給付基礎日額については，労災保険法第8条の3等の規定に基づき，毎月勤労統計の平均給与額の変動などに応じて，毎年自動的に変更されている。

労災保険法は，労働災害によるケガ，病気に対する医療保障と，それらに起因する所得の減少などに対応する所得保障の両方を含んでいる。

表11-1 労災保険給付の概要

目 的	給 付	内 容	支 給 額
医療保障	療養補償給付	労働者が業務上の負傷または疾病により療養を必要とする場合	①診察 ②薬剤または治療材料の支給 ③処置，手術その他の治療 ④居宅における療養上の管理およびその療養に伴う世話その他の看護 ⑤病院，診療所への入院およびその療養に伴う世話その他の看護 ⑥移送

所得保障	休業補償給付	労働災害による負傷または疾病の療養のために労働することができず，休業第4日目から治癒するまで支給	休業1日につき，給付基礎日額の60% このほかに給付基礎日額の20%に相当する休業特別支給金が支給
	傷病補償年金	労働災害により負傷しまたは疾病にかかり，療養開始後1年6か月を経過しても治癒せず，傷病等級（第1～3級）に該当するとき	傷病等級（第1～3級）により，給付基礎日額の245～313日分
	障害補償給付	労働災害により負傷または疾病にかかり，傷病の治癒時に身体に一定の障害が残った場合，障害等級第1～7級に該当する場合は，障害補償年金が支給される 障害等級第8～14級に該当する場合は，障害補償一時金が支給される	障害等級第1～7級により給付基礎日額の131～313日分（障害補償年金） 第8～14級の等級に応じ，給付基礎日額の56～503日分（障害補償一時金）
	遺族補償給付	労働者が労働災害により死亡した場合に，労働者の死亡当時その収入によって生計を維持していた一定の範囲の遺族に対し遺族補償年金が支給される	遺族の数に応じて，給付基礎日額の153～245日分
	介護補償給付	一定の障害により傷病補償年金または障害補償年金の受給権がある者（病院等に入院している者は除く）が，現に常時または随時介護を受けている場合に，月単位で支給される	親族等以外の介護（施設など）と，親族又は友人・知人の介護を受けているかにより，常時介護を要する場合，月額81,290円～177,950円で，随時介護を要する場合，月額40,600円～88,980円。

出典：労働者福祉中央協議会HP（https://www.rofuku.net/lifesupport/insurance/rousai_commentary/）

1　医　療　保　障

　ケガ，病気が業務中に生じたのか業務に起因しているのか，あるいは業務外なのかによって，治療法が異なるわけではないので，医療給付は一般的な医療保障の給付と同じである。

ただし名称は医療保険各法のように「療養の給付」ではなく,「療養補償給付」である。リハビリテーションについても健康保険法のように150日間という制限はない。

また職場の健康診断などで,異常の所見があった場合に,二次健康診断や脳・心臓疾患の予防のための特定健診を無料で受診できる(26条)。

2 所得保障

事業者が引き起こした労災によって生じた生活保障の必要性も,所得保障から見れば一般的なものと差異はない。しかしこの所得保障上の事故は,「強いられた」ものであり,それに対しては,企業責任を反映して保障の範囲などが,業務外の災害に比して,より詳細なものとなっている(例えば,障害のニーズの等級や保護を受ける遺族の範囲など)。

労災保険法が,生活保障の法体系としての社会保障法の性格を表わしているものに,被災労働者の家族への支援がある。労災就学援護費や労災就労保育援護費の支給のように,労働条件とはほとんど無関係に被災労働者とその家族の生活保障的側面が強く出ている給付も存在する。

労災就学援護費は労災で死亡した労働者の遺族や,重度障害を被った被災労働者,長期療養を余儀なくされた被災労働者の家族で,子ども等にかかる学費などの支弁が困難である場合に,児童の年齢に応じて,月額15,000〜39,000円が支給される。

保育を要する児童には,労災就労保育援護費として月額11,000円が支給される。

第12章 低所得層の支援と最低生活の保障

1．低所得対策・最低生活保障の原理

　低所得者に対する社会的支援は，連続しているが二つの層に分かれる。憲法25条のいう「健康で文化的な最低限度の生活」線の上と下である。

　憲法25条1項は，すべての国民が「健康で文化的な最低限度の生活」を営むことを「権利」として規定している。これゆえ，この線より下位の生活を余儀なくされた者があれば，国はその責任でその者を「健康で文化的な最低限度の生活」線まで引き上げねばならない。これに対応するのが生活保護法・制度である。

　これに対して，「健康で文化的な最低限度の生活」線の上位で生活しながら，社会構造的に困窮に追い込まれている者がいるという社会的認識に基づき，これらの層への社会的支援が存在する。この場合の支援は，現金給付で行うと私的財産の形成に税金を投入することになってしまうので，自立支援の現物給付（サービス）という構造をとる。これが生活困窮者自立支援法・制度である。

　生活困窮者自立支援法と生活保護法は，貧困に対する全般的な生活支援の法であるが，これとは別に生活を追い詰めるような具体的・個別的な家計負担などへの対応として貸付制度や就学援助制度などの関連制度が存在する。これらは生活全般の支援ではなく，個別的・局所的な生活困難や問題への対応であり，支援対象は確定的で明確であり，当事者の自主性がより尊重されている。

　本章では貧困に陥る過程での生活支援の法と，貧困に陥った状態での生活保障の法と論理，関連法制を学ぶ。

2．生活困窮者自立支援法

1　生活困窮者自立支援法の理念と原理

　生活困窮者自立支援法は経済的に困窮している者を支援の対象とするが，一般的な生活支援の法ではない。現在，生活に困窮していて，そのままでは最低限度の生活を維持できなくなる可能性がある者を支援する制度である。このような状況は，収入のない状態（多くの場合は，就労していない）が継続しているか，支出が収入を大幅に上回る状態が恒常的である場合に生じる。

　本法の第一の支援は，中長期的にみて就労の可能性あるいは潜在的可能性がある者への，労働市場への参入，再参入の促進支援が中心となる。本法の目的は本人の自立であるので，就労の可能性あるいは潜在的可能性とは，直ちに就労に結びつく必要はない。その点では職業訓練とは異なり，むしろ社会関係の再構築などの調整の側面がある。本法が想定する第二の支援は，支出が収入を大幅に上回る状態が恒常的である場合に対応するもので，家計における支出のコントロールのための知識と技術の伝授である。第三には，低所得世帯の児童への学習支援など，貧困の次世代伝播を断ち切るための支援である。

　これらの支援は，本人自身の自立への行動の支援であるので，自己決定の尊重などの社会福祉サービス給付と同様の基本的原理の要請が課される。

2　生活困窮者自立支援法の目的

　生活困窮者自立支援法は，生活困窮者の自立の促進を図ることを目的とする（1条）。

　「生活困窮者」とは，「就労の状況，心身の状況，地域社会との関係性その他の事情により，現に経済的に困窮し，最低限度の生活を維持することができなくなるおそれのある者」（3条）をいう。

　生活困窮者に対する自立の支援は，生活困窮者の尊厳の保持を図りつつ，生活困窮者の就労や心身の状況，地域社会からの孤立の状況などに応じて，包括

的かつ早期に行われなければならない（2条1項）。

国と地方自治体はそれぞれ生活困窮者の自立支援事業実施の責務を負っている（4条以下）。市（特別区を含む），福祉事務所を設置する町村は，生活困窮者への具体的な支援事業，生活困窮者住居確保給付金の支給を行う直接的な責務がある。都道府県は，生活困窮者への支援事業や生活困窮者住居確保給付金の支給のほか，生活困窮者自立支援に関する市等の事業が適正かつ円滑に行われるよう，市等への助言，情報の提供などの援助を行う責務を負う。国は，都道府県，市等が行う生活困窮者の自立支援の事業などに関して，必要な助言，情報の提供などの援助を行わなければならない。

表12‐1　生活困窮者自立支援制度

名　称	主　な　内　容	実　施
生活困窮者自立相談支援事業	就労の支援など自立に関する問題について，生活困窮者，家族，その他の関係者からの相談に応じ，情報提供，助言，関係機関との連絡調整を行う事業。	必須事業
生活困窮者住居確保給付金	離職などにより経済的に困窮し，居住する住宅を失うおそれがある場合，住居を確保するために家賃相当額を支給する給付金。 ※資産収入等に関する要件を満たしていること。	必須事業
生活困窮者就労準備支援事業	雇用による就業が著しく困難で，直ちに就労ができない生活困窮者に対し，一定期間，一般就労に向けた基礎能力を養いながら就労に向けた支援や就労機会の提供を行う。 ※資産収入等に関する要件を満たしていること。	努力義務
生活困窮者家計改善支援事業	生活困窮者に対し，収入，支出，その他家計の状況の適切な把握や家計改善の意欲を高めることを支援する。また生活に必要な資金の貸付けのあっせんを行う事業。	努力義務
生活困窮者就労訓練事業	一般就労が直ちには困難な者のために，作業機会を提供しながら，一般就労に向けた中・長期的な就労のための訓練事業（中間的就労）。	努力義務
子どもの学習・生活支援事業	①生活困窮者である子どもへの，学習援助事業。 ②生活困窮者である子どもやその保護者に対し，子どもの生活習慣，育成環境の改善に関する助言を行う事業。 ③子どもの進路選択，その他の教育，就労に関する問題について，子どもやその保護者からの相談に応じ，必要な情報提供，	

	助言，関係機関との連絡調整を行う事業。 ※期間の定めなし。 ※資産収入等に関する要件を満たしていること。	
生活困窮者一時生活支援事業	①一定の住居がない生活困窮者に対し，宿泊場所の供与，食事の提供など日常生活を営むのに必要な便宜を当該宿泊場所において供与する事業。 ②以下の生活困窮者に対し，訪問による必要な情報の提供および助言，その他の現在の住居で日常生活を営むのに必要な便宜を供与する事業。 　　イ　①に掲げる事業を利用していた生活困窮者で，現在一定の住居を有する者。 　　ロ　現在の住居を失うおそれのある生活困窮者であって，地域社会から孤立している者。 ※原則3か月を越えない。必要な場合は6か月を越えない範囲。	

(1)　支援会議　　生活困窮者に対する自立支援のために必要な情報交換，地域での日常生活，社会生活に必要な支援体制に関する検討を行うために，都道府県等は，関係機関，都道府県から生活困窮者自立相談支援事業の委託を受けた者，生活困窮者に対する支援団体，支援に関係する職務に従事する者，その他の関係者により構成される会議（支援会議）を組織することができる（9条1項）。

(2)　財源　　生活困窮者自立支援制度にかかる費用は，実施自治体がまずこれを支弁し，のちに国が一部または全部を負担する。

表12-2　国庫負担の割合

実　施　事　業	国　の　負　担
市等が行う生活困窮者自立相談支援事業の実施に伴う費用	4分の3
市等が行う生活困窮者住居確保給付金の支給に要する費用	4分の3
都道府県・生活困窮者住居確保給付金の支給に要する費用	4分の3
都道府県・就労準備支援事業 生活困窮者一時生活支援事業の実施	3分の2以内で補助できる
家計改善支援事業 子どもの学習・生活支援事業	2分の1以内で補助できる
福祉事務所未設置の町村の事業	4分の3以内で補助できる

(3) **生活困窮者自立支援法の課題**　生活困窮者自立支援法の多くは「事業」という形をとり、自治体の裁量にゆだねる部分が多い。つまり自治体の力量次第ということになる。生活困窮者に対する支援のノウハウがあるか、地域にマンパワーが存在するか、多様な就労機会が存在するかなど、地域の条件によって生活困窮者の支援が決定されることになる。また「ひきこもり」やごみ屋敷などの背景には、精神疾患や知的障害など複雑な課題が背後に潜む場合も多い。

さらに生活困窮者の直面する課題に、本当に所得の問題を捨象した形で対応することが可能なのか。社会福祉協議会の「生活福祉資金」の貸し付け（第4節後述）だけで、課題の解決に時間を要するケースに対応できるのかなど、検討を要する点は多い。

3．生活保護法

1　生活保護法の原理

就労による収入で自立生活ができなくなった場合に、最後のセーフティネットとして機能するのが生活保護制度である。生活保護は、本人の収入、財産、資産、能力などすべてを活用してもなお必要な最低生活を維持できない場合に、無拠出で国家により公費でその最低生活を保障し、同時にその者の自立を促すものである。したがって最低生活保障のための現金給付と、自立のための生活指導があわせて行われることになる。生活保護は、「最低限度の生活保障」は現金給付で行い、「**自立助長**」は、現金給付に加えて非金銭的給付（現物給付）が、専門職による個別的な対人的援助という形で行われる。

最低生活保障のための金銭給付額は、最低生活線と本人の収入、資産との差額になる。このため給付にあたっては、資力調査が行われる（そのための調査権限が、実施機関に与えられている）。

生活保護による支援は、国民の「権利」であり、国家からの「恩恵」ではない。この点を明らかにするために、法は冒頭1条から4条に生活保護の原理を

掲げている。「最低生活保障と自立助長の原理」、「無差別平等の原理」、「最低生活保障の原理」、「保護の補足性の原理」である。これらは生活保護法の基本原理であって、この法律の解釈および運用は、すべてこの原理に基づいてされなければならない（5条）。

2　生活保護法の目的──最低生活保障と自立助長の原理

　生活保護制度は、憲法25条に規定する理念に基づき、国が生活に困窮するすべての国民に対し、その困窮の程度に応じ、必要な保護を行い、その最低限度の生活を保障するとともに、その自立を助長することを目的とする。これが生活保護法の性格を規定し、もっとも根本的で重要な原理となる（1条：最低生活保障と自立助長の原理）。

　生活保護法は、憲法25条が規定する「健康で文化的な最低限度の生活」を保障するものである。一方で、法は「自立」も目的としており、そのために現金給付による所得保障のみならず、「自立」のための相談・指導を規定する。生活保護法は、生活保護基準に達していない経済的状態では、自立（特に経済的自立）は不可能であり、それゆえ自立のための相談・指導が必要であるということを、法の仕組みとして取り入れていることになる。

　ここで言う「自立」は、経済的に他者に依存しないという意味での自立だけを意味するものではない。「社会保障審議会福祉部会　生活保護制度の在り方に関する専門委員会　報告書」（2004［平成16］年12月15日）は、生活保護制度における「自立」を、就労による経済的自立のための支援（就労自立支援）のみならず、それぞれの被保護者の能力やその抱える問題などに応じ、身体や精神の健康を回復・維持し、自分で自分の健康・生活管理を行うなど日常生活において自立した生活を送るための支援（日常生活自立支援）や、社会的なつながりを回復・維持するなど社会生活における自立の支援（社会生活自立支援）をも含むものであると指摘した。生活保護制度のあり方を、国民の最低生活保障を行うだけでなく、被保護世帯が安定した生活を再建し、地域社会への参加や労働市場への「再挑戦」を可能とするための「バネ」としての働きをもたせ

る方向での制度の再検討を行ったといえる。

　なお自立助長の原則がすべての受給権者に適用されることについては，疑問なしとしない。高齢者の場合，労働市場への再編入は当然には想定されない年齢層が存在する。この場合の「自立助長」の意味は，若年層で労働可能な者とは同一ではない。むしろ高齢者に対して「自立助長」の原理を適用すること自体が，パターナリズムに基づく，制度の過剰な介入であるともいえる。高齢者を対象とする最低生活保障制度を，生活保護制度とは別建てにすることが検討されてよい。

3　最低生活保障の原理

　法により保障される最低限度の生活は，健康で文化的な生活水準を維持することができるものでなければならない（3条：最低生活保障の原理）。朝日訴訟では生活扶助基準が「健康で文化的な生活水準を維持することができるもの」であるかが争われたものである。

4　無差別平等の原理と外国人の生活保護受給

　生活保護の最低生活保障と自立助長という目的を達成するために，すべて国民は，この法定の要件を満たせば，生活保護を無差別平等に受けることができる（2条：無差別平等の原理）。

　無差別平等の原理では，しばしば外国人の適用が問題となる。生活保護法の条文では「国民」と規定されているが，行政実務では永住外国人や在留資格をもつ外国人には生活保護法を「準用」する扱いがなされている。「準用」とは「適用」と異なり，権利性がないとされる。国は外国人に対する生活保護について一定の範囲で保護の法的義務を負うとする裁判例があるが（福岡高裁平成23年11月15日判決），最高裁は同事件については否定的で外国人の生活保護適用を認めない（最高裁平成26年7月18日判決）。

　しかし1966年の国際人権規約・社会権規約（A規約）や1965年人種差別撤廃条約など人権の国際的論調や自然法的視点を加味すれば，人間らしい品位を保

つ（ディーセントな）生活を送るのは国籍を超えた基本的人権であり、外国人を排斥するのには合理的な理由が求められる。不法滞在者についても、入国は国家の完全な裁量であり、入国管理を経て一旦入国を認めた以上はその者が日本国内で生存の危機に瀕した場合の生存保障は、入国を認めた国家の責任である。以上のような点を考慮すると不法滞在外国人に対する生活保護給付を否定した最高裁判決（平成13年9月25日）は社会保障法の視点からは適正なものとはいえない。なお密入国者についても人道的見地から医療扶助については適用が容認されてしかるべきであろう。

5　保護の補足性の原理

法4条1項は「保護は、生活に困窮する者が、その利用し得る資産、能力その他あらゆるものを、その最低限度の生活の維持のために活用することを要件として行われる」と規定し、2項は民法が規定する扶養義務者の扶養および他の法律に定める扶助は、すべて生活保護法の保護に優先すると規定する。

「その利用し得る資産、能力その他あらゆるものを、その最低限度の生活の維持のために活用すること」とは、就労能力があるのであれば求職活動をし、可能であれば就労し賃金を稼得することであり、車、ゴルフの会員権など財産的価値のある物については換金し生活費とする、ということである。また民法上の扶養義務者がいれば、まずその者からの扶養によって生計を立てることを考え、社会保険法の給付など他法の給付や扶助があれば、それが生活保護より先に活用されるべきであるということである。ただし、他法優先がなされなければ、生活保護が受けられないということではなく、支給額の算定にあたり他法が優先するということである。

(1)　資産活用　　(a)　預貯金の保持　　資産活用などで問題となるものに被保護者の預貯金がある。自立のために貯蓄するという行為は、将来設計へ向けての自己決定であるという点からすれば、まさに自立に向けての自律的な歩みであると評価できる。しかしこのような行為が資産活用との関係で問題となる。

生活保護費を節約して娘のために積み立てた学資保険の満期返戻金のほとん

どすべてを収入と認定し，それに基づいてなされた生活保護変更（減額）処分を争った事例（いわゆる**中嶋訴訟**）につき，最高裁（平成16年3月16日判決）は，「生活保護法の趣旨目的にかなった目的と態様で保護金品等を原資としてされた貯蓄等は，収入認定の対象とすべき資産には当たらないというべきである」とし，「被保護世帯において，最低限度の生活を維持しつつ，子弟の高等学校修学のための費用を蓄える努力をすることは，同法の趣旨目的に反するものではない」と判示した。

また将来の介護費用のために，生活保護受給者が，収入認定された障害年金と生活保護費で蓄えた預貯金の一部を，市が収入と認定し保護費を減額する保護変更処分をし，また，その一部についてその使途を弔慰の用途に限定する指導指示をしたことを争った事例（いわゆる**加藤訴訟**）で，秋田地裁（平成5年4月23日判決）は，「生活保護費のみ，あるいは，収入認定された収入と生活保護費のみが源資となった預貯金については，預貯金の目的が，健康で文化的な最低限度の生活の保障，自立更生という生活保護費の支給の目的ないし趣旨に反するようなものでないと認められ，かつ，国民一般の感情からして保有させることに違和感を覚える程度の高額な預貯金でない限りは，これを，収入認定せず，被保護者に保有させることが相当で，このような預貯金は法四条，八条でいう活用すべき資産，金銭等には該当しないというべきである」とした。

　(b)　**自動車の保有**　　生活保護受給にあたり，自動車の保有が資産活用に反しないかが問題になる。自動車は一方では財産的価値をもつものであり，一方では公共交通機関が十分でない地域や，就職活動のためや，身体状況によっては不可欠な移動手段でもあるという二側面をもつ。行政は自動車保有には否定的で保護を廃止することも多いが，裁判では自動車保有を理由とする保護廃止には否定的な判決もある（枚方自動車保有訴訟：大阪地裁平成25年4月19日判決）。

　(2)　**能力活用**　　労働能力の活用については，生活保護の申請者が稼働能力を活用していないと行政が判断し，医療扶助のみを認めた生活保護開始決定について，これを違法として争った事例（いわゆる**林訴訟**）がある。名古屋地裁（平成8年10月30日判決）は，「利用し得る能力を活用する」という補足性の要件

は，申請者に稼働能力がある場合であっても，その具体的な稼働能力を前提とした上で，申請者にその稼働能力を活用する意思があるかどうか，申請者の具体的な生活環境の中で実際にその稼働能力を活用できる場があるかどうかにより判断すべきであり，申請者に稼働能力を活用する意思があり，かつ，活用しようとしても，実際に活用できる場がなければ，「利用し得る能力を活用していない」とは言えないと判決している。ただし控訴審（名古屋高裁平成9年8月8日判決）は，稼得能力活用の機会，場所が存在したとして地裁判決を取り消した。

本件判決後，行政の運用は，①稼働能力があるか，②その稼働能力を活用する意思があるか，③稼働能力を活かす就労の機会があるか，という三要件によって，稼働能力の活用の有無を判断している（平成20年3月31日厚生労働省社会援護局長通知）。①の稼働能力の有無はある程度客観的に判断でき，②の稼働能力の活用の意思も求職活動などにより客観的に判断できる。③の稼働能力を活かす就労の機会は，受給者の学歴や就労スキル，コミュニケーション能力など当人の要素に加えて，労働市場によっても左右され，容易には判断できない。にもかかわらず行政は機械的に判断する傾向にあり，しばしば訴訟になる。

裁判例では「当該生活困窮者が，その具体的な稼働能力を前提として，それを活用する意思を有しているときには，当該生活困窮者の具体的な環境の下において，その意思のみに基づいて直ちにその稼働能力を活用する就労の場を得ることができると認めることができない限り，なお当該生活困窮者はその利用し得る能力を，その最低限度の生活の維持のために活用しているものであって，稼働能力の活用要件を充足するということができると解するのが相当である」と判示するものもある（新宿区ホームレス生活保護裁判［新宿七夕訴訟］東京地裁平成23年11月8日判決，東京高裁平成24年7月18日判決；同旨［岸和田訴訟］大阪地裁平成25年10月31日判決）。

(3) **民法の扶養義務**　民法は一定の親族に扶養義務を課している。配偶者（民法752条），直系血族，兄弟姉妹（877条），家庭裁判所の審判により課される3親等内の親族（877条2項）である。このうち夫婦間の扶養，未成熟の子に対

する親の扶養は，自己の生活と相手の生活が同じ水準となる程度の扶養でなければならないとするのが民法の通説である。

親族扶養については，親族が同居しており，財の費消が同一であれば，その間で相互に扶助するのは理解できるが，別居し生計の同一性が希薄である場合にも，親族扶養がなぜ原則となるかは，生活保護法の目的から当然には出てこない。現代の家族の意識からも大きく隔たっている。

民法の親族扶養の履行は，生活保護受給の要件ではない。生活保護受給のためには親族扶養の履行が必要なわけではなく，親族扶養があった場合には，生活保護の支給額算出にあたり，現実の親族扶養の額が差し引かれるという，保護費の算定に関して考慮される事項である。この点で行政実務は，生活保護法における「親族扶養」を偏重しているといえる。

6 保護の原則

生活保護法第2章は「保護の原則」を規定している。これらの「原則」には「例外」が想定されており，例外的事態に対しては，「原理」に沿った解釈・運用がなされることになる。

表12-3 保護の原則

原則	内容
申請保護の原則 （7条）	保護は，要保護者，その扶養義務者その他の同居の親族の申請により開始される。ただし，要保護者が急迫した状況にあるときは，保護の申請がなくても，必要な保護を行うことができる（職権主義）。
基準及び程度の原則（8条）	保護は，厚生労働大臣の定める基準により測定した要保護者の必要性をもとに，その者の金銭または物品で満たすことのできない不足分を補う程度で行う。その基準は，要保護者の年齢，性別，世帯構成別，所在地域別，その他保護の種類に応じて必要な事情を考慮した最低限度の生活の需要を満たすに十分なものであつて，かつ，これをこえないものでなければならない。
必要即応の原則 （9条）	保護は，要保護者の年齢，性別，健康状態等その個人または世帯の実際の必要の相違を考慮して，有効かつ適切に行わねばならない。
世帯単位の原則 （10条）	保護は，世帯を単位としてその要否および程度が定められる。

申請保護の原則に反するものとして生活保護申請を窓口で抑制するいわゆる「水際作戦」がある。これは，法定されておらず本来必要ではない生活保護担当職員との「面接」がなければ，申請書を交付しない，あるいは申請が受理されやすい他の自治体を紹介するというものである。これらは職員の法についての無知や人権意識の希薄さ，あるいは市町村の生活保護にかかる財政負担を回避したいという自治体の姿勢の表れでもある。また担当職員の恒常的な過剰な業務負担などにも起因している。担当職員を大幅に増員し，最低生活保障のための金銭給付に関する業務と，自立助長に関する業務を完全に分離し，後者については適正な NPO に委託するなどの方法も検討されてしかるべきである。

近年，判決が相次ぎ耳目を集めることとなった各種加算の廃止や保護基準の切下げなどの問題は，生活保護の問題でもあると同時に，生活保護給付基準をもとに支給が決定される他の制度にも影響する。生活保護の基準は厚生労働大臣が決定すると法は規定しているが，これは各種加算の廃止や保護基準の切下げにまで完全なフリーハンドを大臣に与えていることを意味しない。生活保護受給者は保護基準に基づいて生活設計をしているので，基準がもし恣意的に変更されると，受給者の生活は基準を決定する行政に従属することになる。したがって保護基準の変更は慎重でなければならず，明白で合理的な理由があり，十分な説明責任を果たしたうえでなされなければ違法と評価されるべきものである。ただ単に，経済状況の変化とか審議会答申を受けてというだけでは不十分である。この点，多くの裁判所が行政決定に追随している点は，司法の機能が十分果たされていないことを示している（例えば，老齢加算の廃止について，最高裁平成24年 2 月28日判決，最高裁平成24年 4 月 2 日判決など）。

7　保護の種類と範囲

保護には，生活扶助，教育扶助，住宅扶助，医療扶助，介護扶助，出産扶助，生業扶助，葬祭扶助の 8 種類があり，必要に応じ，単独でまたは併給される（11条）。保護世帯が受ける保護費はこれらを合算したものとなる。これらの給付は原則的に現金でなされる（医療扶助，介護扶助は現物給付である）。各扶助

は「困窮のため最低限度の生活を維持することのできない者」が対象となる。生業扶助は，当事者の稼働能力を引き出しそれを助長することによって，その者の自立を図ることを目的としており，「困窮のため最低限度の生活を維持することのできない者」だけでなく「そのおそれのある者」が対象となる。

扶助基準は地域ごとに厚生労働大臣が決定する。

医療や生産などを除き，各扶助は，原則的に被保護者の自宅で受給する。ただし，それが不可能な場合や，在宅では保護の目的を達成できないとき，または被保護者が希望したときは，施設に入所して支援を受けることもできるし，行政は私人の家庭に養護を委託して行うこともできる（30条）。

表12-4　扶助の種類

扶助の種類	扶助の対象
生活扶助 （12条）	衣食その他日常生活の需要を満たすために必要なものにかかる費用 　居宅で生活扶助を行う場合の保護金品は，世帯単位に計算し，世帯主またはこれに準ずる者に対して交付する
教育扶助 （13条）	教科書その他の学用品，通学用品，学校給食その他義務教育に伴って必要なものにかかる費用
住宅扶助 （14条）	居住や補修その他住宅の維持のために必要なものにかかる費用
医療扶助 （15条）	医療保障の一般的給付と同一 　現物給付による（34条）
介護扶助 （15条の2）	居宅介護，福祉用具，住宅改修，施設介護，介護予防，介護予防福祉用具，介護予防住宅改修，移送 　現物給付による（34条の2）
出産扶助 （16条）	分娩の介助，分娩前後の処置，脱脂綿，ガーゼその他の衛生材料にかかる費用
生業扶助 （17条）	生業に必要な資金，器具または資料，生業に必要な技能の修得，就労のために必要なものにかかる費用 ＊困窮のため最低限度の生活を維持することのできない者またはそのおそれのある者に対して，その者の収入を増加させ，またはその自立を助長することのできる見込みのある場合に支給される
葬祭扶助 （18条）	遺体の運搬，火葬または埋葬，納骨その他葬祭のために必要なものにかかる費用

給付については，医療に関して生活保護制度に医療扶助として，一般的医療制度と区別することの必然性について問題視されてきた。医療は疾病，症状が同程度なら標準的治療方法が決定されており，生活保護受給者のみ異なる医療というものは本来存在しない。生活保護の医療扶助は，医療機関へのアクセスと医療の質について（例えばジェネリック薬の使用），一般的な医療制度と異なっている。このことで受給者の医療機関への受診が抑制されている可能性も否定できない。生活保護受給者も一般的医療保険制度への加入を可能とすべきである（インドネシアの医療保障制度は，貧困層，刑務所収容者も含めて全国民を単一の制度に加入させている）。

また生業扶助に関しては，主に小売り，自営業などの「起業」が想定されているが，現代社会の稼得能力の需要とマッチしているかに疑問がある。

生活保護には在宅ではその目的を達せられない場合に入所し保護を受ける**保護施設**がある。保護施設の種類は，**救護施設**，更生施設，医療保護施設，授産施設，宿所提供施設の5種類である（38条）。ほかに生活扶助の委託先として日常生活支援住居施設がある。これは，居宅で日常生活を送ることが困難だが，救護施設などの社会福祉施設の入所対象とならない生活保護受給者が，必要な支援を受けながら生活を送る施設であり，サービスの質が確保された無料低額宿泊所（社会福祉法2条3項8号）が都道府県に申請・登録することで事業を実施する。

なお生活保護は居宅における支援が原則であり，施設入所が強制されるものではない。ホームレス，野宿の者が生活保護を申請した場合にも，アパートなどの居宅での支援を希望すれば，その希望が尊重される（新宿七夕訴訟：東京地裁平成23年11月8日判決，東京高裁平成24年7月18日判決）。

表12-5　生活保護施設

施設の種類	対象要保護者	目　的
救護施設 （38条2項）	身体上・精神上著しい障害があるために日常生活を営むことが困難な要保護者	生活扶助 入所

更生施設 （3項）	身体上・精神上の理由により養護および生活指導を必要とする要保護者	生活扶助 入所
医療保護施設 （4項）	医療を必要とする要保護者	医療の給付
授産施設 （5項）	身体上・精神上の理由または世帯の事情により就業能力の限られている要保護者	就労または技能の修得のために必要な機会および便宜を与えて，その自立を助長すること
宿所提供施設 （6項）	住居のない要保護者の世帯	住宅扶助

8　自立に向けての給付

　生活保護の扶助は，基本的には最低生活保障のためのものであるが，自立のための給付も存在する。これは現在の最低生活を保障するものではなく，将来の就労や進学へ向けての支援である。

表12-6　自立のための給付

名　称	内　容	実施主体
就労自立給付金制度 （55条の4）	被保護者が安定した職業に就いたことなどにより保護を必要としなくなったと認められた場合に，支給される。 最低給付額（単身世帯：2万円，複数世帯：3万円）に仮想積立期間中，就労収入の10%を積み立てたとして支給する。	都道府県知事，市長および福祉事務所を管理する町村長
進学準備給付金の支給 （55条の5）	大学等に確実に入学すると見込まれる被保護者に支給する。 　進学に伴う新生活の立ち上げ費用として，自宅通学者は10万円，自宅外通学者には30万円を一時金として支給する。	
被保護者就労支援事業 （55条の7）	就労の支援に関する問題につき，被保護者からの相談に応じ，必要な情報の提供および助言を行う事業。	保護の実施機関
被保護者健康管理事業 （55条の8）	保健指導，医療の受診勧奨など，被保護者の健康の保持，増進を図るための事業	保護の実施機関

9 保護機関の権限と責務

保護の実施機関（都道府県知事，市長，福祉事務所を管理する町村長）は，生活保護の適切で実効性のある運用のため，以下のような権限が与えられている。

ただしこれらの権限は生活保護の「適切で実効性のある運用のため」のものであり必要最小限にとどめられるべきもので，行政がこれらの行動をとった場合にも違法にはならないという程度の意味にとどめられるべきである。

表12-7　保護機関の権限

権　限	内　容
指導，指示（27条）	被保護者に対して，生活の維持，向上その他保護の目的達成に必要な指導，指示をすること
相談，助言（27条の2）	要保護者から求めがあれば，自立助長のために，要保護者からの相談に応じ，必要な助言をすること
住居立入調査（28条）※	保護の決定，実施のため，要保護者の資産状況，健康状態などを調査するために，その住居に立ち入り調査すること
医療機関受診命令（28条）※	保護の決定，実施のため，健康状態などを調査するために，要保護者に対して，医療機関の受診を命ずること
扶養義務者，同居親族などへの報告要請（28条2項）	保護の開始，変更の申請などの添付書類の内容調査のため，要保護者の扶養義務者，同居の親族などに対して報告を求めること
金融機関，雇主等関係者に対する報告要請（29条）	保護の実施機関や福祉事務所長が，要保護者や扶養義務者の資産・収入の状況について，官公署などに調査を嘱託し，金融機関，その雇主などの関係者に報告を求めること
保健指導，健康保持・増進事業の実施（55条の8）	保護の実施機関が行う，被要保護者の保健指導，医療受診の勧奨その他の健康の保持，増進を図るための事業

※要保護者がこれらを拒否・忌避・妨害したり，検診命令に従わないときは，実施機関は保護の開始もしくは変更の申請を却下し，または保護の変更，停止もしくは廃止をすることができる（28条）。

10 生活保護の利用手続

生活保護は保護を希望する者，自らがその申請をしなければならない（申請保護の原則）。保護を必要とする本人，その扶養義務者，その他の同居の親族の申請が必要である（7条）。ただし保護を必要とする者が急迫した状況にある

ときは，保護の申請がなくても，行政は必要な保護を行うことができる（7条但書：職権保護）。

申請は特段の事情がない限りは申請書の提出により行い，申請者には保護を必要とする者の氏名，住所または居所，保護を受けようとする理由，保護を必要とする者の資産，収入の状況，その他要保護者の保護の要否，種類，程度および方法を決定するために必要な事項などを記載しなければならない（24条）。

居住している自治体の市役所や福祉事務所で申請し，その後，自治体の担当ケースワーカーがその家庭を訪問し生活状況等を調査する。この調査に基づき，世帯の収入を算定し，保護の基準に不足する分について扶助を行う。

行政機関は，保護の開始の申請があったときは，保護の要否，種類，程度，方法を決定し，申請者に対して，決定の理由を記載した書面によって通知しなければならない。この通知は，申請のあった日から14日以内にしなければならないが，扶養義務者の資産および収入の状況の調査に日時を要する場合その他特別な理由がある場合には，これを30日まで延ばすことができる（24条5項）。

11　被保護者の権利と義務

(1)　**被保護者の権利**　生活保護が国民の「権利」である以上，それは他の一般的な「権利」とかわらない。しかし恣意的な行政を防止するために，いくつか代表的な「権利」が法に規定されている。もちろん被保護者の「権利」はこれらに尽きるものではない。

被保護者は，正当な理由がなければ，既に決定された保護を，不利益に変更されることがない（不利益変更の禁止：56条）。被保護者は，保護金品および進学準備給付金などが租税その他の公課の対象となることはない（公課禁止：57条）。

また被保護者は，既に給与を受けた保護金品および進学準備給付金またはこれらを受ける権利を差し押さえられることがない（差押禁止：58条）。

(2)　**被保護者の義務**　被保護者の義務については，法は道義的な義務から手続き上の義務まで，性質の異なる義務が混在して規定されている（表12－8

参照)。抽象度の高いものや道義上の義務(例えば60条)もあり,義務違反を保護処分の停廃止,変更とするには,義務の内容が明確であり,義務違反の程度が明瞭で重大である必要がある。

表12-8 被保護者の義務

義　務	内　容
譲渡禁止 (59条)	保護や各給付金の支給を受ける権利は,他人に譲渡してはならない
生活上の義務(60条)	能力に応じて勤労に励み,健康の保持・増進に努め,生計の状況を適切に把握し支出の節約を図るなど,その他生活の維持及び向上の努力義務
届出義務 (61条)	収入,支出その他生計の状況に変動があつたとき,または居住地や世帯構成に異動があつたときは,すみやかに保護の実施機関または福祉事務所長に届け出る義務
指示等に従う義務 (62条)	保護の実施機関が施設入所を決定したとき,または被保護者に対し必要な指導または指示をしたときに,被保護者のこれに従う義務
費用返還義務(63条)	被保護者が,急迫の場合等に資力があるにもかかわらず,保護を受けたときは,その費用を支弁した都道府県または市町村に対して,すみやかに,受けた保護金額の範囲内で保護の実施機関の定める額を返還しなければならない

なお「指示等に従う義務」(62条)に関して,義務違反があった場合には,保護の実施機関は,保護の変更,停止または廃止をすることができるが,(3項)この場合,保護の実施機関は被保護者に対して処分の理由を示し弁明の機会を与えなければならない(4項)。

12　不服申立て

生活保護に関する行政の決定に不服のある場合には,都道府県知事に対して審査請求をすることができる(64条)。さらに審査請求についての都道府県知事の裁決に不服がある者は,厚生労働大臣に対して再審査請求をすることができる(66条)。

これらの審査請求,再審査請求に関しては,「裁決をすべき期間」が法定されており,基本的に50日以内に裁決がされなければならない(65条)。この期間

内に裁決がなされない場合には，厚生労働大臣または都道府県知事が当該審査請求を棄却したものとみなすことができる（2項）。生活保護法では行政庁の決定をめぐる裁判を提訴するには，審査請求を経てからでなければならないが（69条），期間内に裁決がなされなければ65条2項によって提訴が可能となる。

13　財　　政

(1)　**行政の財政**　　生活保護制度は無拠出の社会保障制度であるので，費用はすべて税金を原資とする公費により，内訳は，国が4分の3，地方自治体が4分の1の割合で負担する（75条）。

(2)　**費用徴収**　　生活保護法では一定の場合に，保護に要した費用を支弁した都道府県または市町村の長が，関係者から徴収することがある（費用徴収）。

表12-9　費用徴収の概要

費用徴収の事由	徴収の対象者	徴　収　額
民法上の扶養義務	民法上の扶養義務者	その義務の範囲内でその費用の全部または一部（77条）※
緊急の場合等で，資力があるにもかかわらず，保護を受けた場合	資力があるにもかかわらず，保護を受けた者	保護の実施機関の定める額の全部または一部（77条の2）
不正受給	①不実の申請など不正な手段により保護を受けたり，他人に受けさせた者 ②不正な行為によって給付費用を受理した指定医療機関，指定介護機関など	費用の額の全部または一部と，その徴収する額の40％以下の金額（78条）

※この場合に扶養義務者の負担すべき額について，保護の実施機関と扶養義務者の間に協議が調わないときや協議をすることができないときは，保護の実施機関の申立により家庭裁判所がその額を定める（2項）。

(3)　**損害賠償請求権**　　都道府県または市町村は，被保護者の医療扶助または介護扶助を受けた理由が第三者の行為によって生じたときは，その支弁した保護費の限度において，被保護者が当該第三者に対して有する損害賠償の請求

権を取得する(76条の2)。

4. 関連制度

　生活保護は最後のセーフティーネットといわれ平素気軽に利用できる仕組みにはなっていない。

　全面的な生活支援は必要ないが当面の対応が必要であったり，特定の問題のみの対応が必要な事態に邁進した対処として，生活保護法に根拠をもつものではないが，低所得世帯の自立に関連する制度がある。

1　生活福祉資金貸付制度

　生活福祉資金貸付制度は，「低所得者，障害者又は高齢者に対し，資金の貸付けと必要な援助指導を行うことにより，その経済的自立及び生活意欲の助長促進並びに在宅福祉及び社会参加の促進を図り，安定した生活を送れるようにすること」(平成2年8月14日厚生省社第398号通知)を目的に，市町村社会福祉協議会，民生委員を窓口にし，都道府県社会福祉協議会が貸付けを行うものである。

　これらは無利子あるいは低利で貸し出される。連帯保証人を必要として，貸付利率は，年1.5％である(「教育支援資金」は無利子，「不動産担保型生活資金」は年1.5％以内で別に定めた利率)。貸付けの決定などは，関係行政機関職員，医師，民生委員，弁護士等により構成され，都道府県社会福祉協議会内に設置される貸付審査等運営委員会が行う。

2　就学援助

　経済的理由によって就学が困難と認められる児童，生徒の保護者に対して市町村は「**就学援助**」を行わねばならない(学校教育法19条)。保護対象となる費目は，給食費，学用品費，通学費，修学旅行費などである。他法優先の原則から，「就学援助」を受けている場合には，教育扶助はそれと重複しない範囲に限定される。

社会保障の歴史年表

※　年代は制定年を示す。
※　戦前はわが国への影響を考慮し外国法の記載をした。戦後は必要に応じて国際条約なども記載した。

1) 戦　前

1601（慶長 6 ）年	イギリス・エリザベス救貧法
1722（享保 7 ）年	イギリス・労役場法
1834（天保 5 ）年	イギリス・改正救貧法
1874（明治 7 ）年	恤救規則
1883（ 〃 16）年	ドイツ・疾病保険法
1884（ 〃 17）年	ドイツ・労災保険法
1889（ 〃 22）年	ドイツ・老齢・障害・遺族年金保険法
1891（ 〃 24）年	デンマーク・老齢年金法（無拠出）
1898（ 〃 31）年	ニュージーランド・老齢年金法（無拠出）
1908（ 〃 41）年	イギリス・老齢年金法（無拠出）
1911（ 〃 44）年	イギリス・国民保険法（第一部 疾病保険：第二部 失業保険）
	工場法
1917（大正 6 ）年	メキシコ・メキシコ共和国憲法（社会権条項）
	軍事救護法
1919（ 〃 8 ）年	ドイツ・ワイマール共和国憲法
	国際労働機関（ILO）発足
1922（ 〃 11）年	健康保険法
1926（昭和元）年	ニュージーランド・家族手当法
1929（ 〃 4 ）年	救護法
1931（ 〃 6 ）年	労働者災害扶助法／労働者災害扶助責任保険法
1933（ 〃 8 ）年	児童虐待防止法
1935（ 〃 10）年	アメリカ・連邦社会保障法
1937（ 〃 12）年	母子保護法
1938（ 〃 13）年	国民健康保険法

	「厚生省」設置（内務省社会局の拡充）
	社会事業法
	ニュージーランド・社会保障法
1939（昭和14）年	職員健康保険法
	船員保険法
1941（〃16）年	労働者年金保険法
	医療保護法
1942（〃17）年	イギリス・ベヴァリッジ報告書
1944（〃19）年	厚生年金保険法（労働者年金保険法を改称）
1945（〃20）年	日本敗戦

2) 戦　後

1946（昭和21）年	GHQ「社会救済に関する覚書」（SCAPIN-775）（公的扶助4原則［無差別平等，公私分離，救済の国家責任，必要な救済を充足］を示す）
	日本国憲法公布（1947［昭和22］年施行）
	（旧）生活保護法
1947（〃22）年	児童福祉法
	労働基準法／労働者災害補償保険法
	失業保険法
1948（〃23）年	世界人権宣言
1949（〃24）年	身体障害者福祉法（児童福祉法，生活保護法，身体障害者福祉法の福祉三法体制が確立）
1950（〃25）年	社会保障制度審議会「社会保障制度に関する勧告」
	（新）生活保護法
	精神衛生法（私宅監置制度廃止）
1951（〃26）年	社会福祉事業法
1952（〃27）年	ILO「社会保障の最低基準に関する条約」採択
1958（〃33）年	（新）国民健康保険法
1959（〃34）年	国民年金法
1960（〃35）年	精神薄弱者福祉法
1961（〃36）年	国民皆保険・皆年金体制確立

社会保障の歴史年表

	児童扶養手当法
1963（昭和38）年	老人福祉法
	老人家庭奉仕員派遣制度
1964（ 〃 39）年	母子福祉法（福祉三法に精神薄弱者福祉法，老人福祉法，母子福祉法を加え福祉六法体制となる）
	重度精神薄弱児扶養手当法
1971（ 〃 46）年	児童手当法
1972（ 〃 47）年	勤労婦人福祉法
	老人福祉法改正（老人医療費無料化）
1973（ 〃 48）年	「福祉元年」
	健康保険法改正（家族給付7割）
	第1次オイルショック
	厚生年金保険の給付額を引き上げて5万円年金を実現
	年金支給額に物価スライド制を導入
1976（ 〃 51）年	身体障害者雇用促進法改正（身体障害者の雇用を一定規模以上の事業主に義務づけ）
1979（ 〃 54）年	国際人権規約批准
1981（ 〃 56）年	国際障害者年
1982（ 〃 57）年	老人保健法
	難民条約批准
1984（ 〃 59）年	健康保険法改正（退職者医療制度）
1985（ 〃 60）年	年金制度改正（基礎年金の創設，年金の2階建化）
	医療法改正（医療計画の導入）
	女性差別撤廃条約批准
	男女雇用機会均等法（勤労婦人福祉法改正）
1986（ 〃 61）年	老人保健法改正（老人保健施設創設）
1987（ 〃 62）年	社会福祉士及び介護福祉士法
	精神保健法（精神衛生法改正）
	障害者雇用促進法（身体障害者雇用促進法改正，知的障害者も対象になる）
1989（平成元）年	年金支給額完全自動物価スライド制を導入
	高齢者保健福祉推進10か年戦略（ゴールドプラン）
1990（ 〃 2）年	福祉八法改正（老人福祉法，身体障害者福祉法，精神薄弱者福祉法，

	児童福祉法,母子及び寡婦福祉法,社会福祉事業法,老人保健法,社会福祉・医療事業団法の一部改正)
1991（平成3）年	国民年金制度改正（学生も強制加入となる） 国民年金基金制度創設 育児休業法
1993（〃5）年	障害者基本法（心身障害者対策基本法改正。日本において精神障害者がはじめて福祉の対象として明確に位置づけられた）
1994（〃6）年	エンゼルプラン／新ゴールドプラン 子どもの権利条約批准 地域保健法（保健所法改正） ※人口に占める65歳以上の割合が14.5％を越え,高齢社会に突入。
1995（〃7）年	阪神淡路大震災 精神保健福祉法（精神保健法改正） 育児・介護休業法（育児休業法改正） 高齢社会対策基本法 社会保障制度審議会勧告「社会保障体制の再構築」
1997（〃9）年	介護保険法（実施は2000［平成12］年） 障害者雇用促進法改正（知的障害者の雇用を一定規模以上の事業主に義務づける）
1998（〃10）年	知的障害者福祉法（精神薄弱者福祉法の名称変更） 被災者生活再建支援法 中央社会福祉審議会社会福祉構造改革分科会「社会福祉基礎構造改革について（中間まとめ）」
1999（〃11）年	新エンゼルプラン／ゴールドプラン21 民法改正（成年後見制度導入） 労働者派遣法改正（製造業への派遣を除き,労働者派遣事業の原則自由化） 地方分権一括法（機関委任事務廃止）
2000（〃12）年	社会福祉基礎構造改革（社会福祉制度を措置制度から契約制度に,応能負担から応益負担に転換。民間企業を含む多様なサービス提供主体の参入を推進） 社会福祉法（社会福祉事業法改正）

		児童虐待防止法
2001（平成13）年		高齢者居住安定確保法
2002（〃 14）年		ホームレス自立支援法
2003（〃 15）年		少子化社会対策基本法
		次世代育成支援対策推進法
		労働者派遣法改正（派遣可能期間を3年に延長。製造業への労働者派遣が解禁）
2004（〃 16）年		高年齢者雇用安定法改正（65歳までの雇用確保措置を義務化）
		児童虐待防止法改正（児童虐待の定義の見直し，通告義務の拡大，警察への援助要請，面会・通信制限規定の整備，要保護児童対策地域協議会の設置など）
2005（〃 17）年		介護保険法改正（介護予防重視，居住費［住居費・光熱費］・食費の自己負担化）
		障害者自立支援法（障害者に対する福祉サービスを一元化。支援費制度を撤廃し，サービスの利用に際し利用者に応益負担化［原則1割］）
		高齢者虐待防止法
2006（〃 18）年		健康保険法改正（後期高齢者医療制度創設）
		高齢者医療確保法（老人保健法改正）
		認定こども園法
		障害者雇用促進法改正（精神障害者も法の対象になる）
2007（〃 19）年		児童虐待防止法改正（都道府県知事による保護者に対する接近禁止命令制度の創設，児童相談所による強制立入調査が可能になるなど）
		児童福祉法改正（児童虐待防止対策の強化など）
2008（〃 20）年		「社会保障国民会議」設置
		派遣切り問題（日比谷公園に「年越し派遣村」が設置される）
2010（〃 22）年		日本年金機構が発足（社会保険庁廃止）
		障害年金加算改善法
2011（〃 23）年		東日本大震災
		高齢者居住安定確保法改正（高齢者円滑入居賃貸住宅［高円賃］と高齢者専用賃貸住宅［高専賃］を廃止し，サービス付き高齢者向け住宅を創設）

	特定求職者就職支援法
	障害者虐待防止法
2012（平成24）年	障害者総合支援法（障害者自立支援法改正）
	年金機能強化法（2016［平成28］年よりパートタイマーへの厚生年金の適用拡大など）
	子ども・子育て関連三法（子ども・子育て支援法，認定こども園法の一部改正，子ども・子育て支援法及び認定こども園法の一部改正法の施行に伴う関係法律の整備等に関する法律）
	年金生活者支援給付法
	被用者年金一元法（実施は2015［平成27］年）
	社会保障制度改革推進法（社会保障改革国民会議の設置など）
2013（〃 25）年	障害者権利条約批准
	障害者差別解消法
	生活困窮者自立支援法
2014（〃 26）年	母子及び父子並びに寡婦福祉法（母子及び寡婦福祉法改正）
2015（〃 27）年	医療保険改革関連法（持続可能な医療保険制度を構築するための国民健康保険法等の一部を改正する法律）
2016（〃 28）年	雇用保険法改正（65歳以上の新規雇用者に対する雇用保険の適用，求職活動支援費の新設）
	児童福祉法改正（児童相談所の体制強化，特別区における児童相談所の設置）
	年金機能強化法改正（老齢基礎年金の受給資格期間を25年から10年に短縮）
2017（〃 29）年	児童福祉法・児童虐待防止法改正（虐待事例の司法関与強化）
2018（〃 30）年	高齢者・障害者等移動円滑化促進法改正
2021（令和3）年	障害者差別解消法改正
2022（〃 4）年	こども基本法
	こども家庭庁設置法
	困難な問題を抱える女性の支援に関する法
2023（〃 5）年	認知症基本法
2024（〃 6）年	こどもの貧困解消法（こどもの貧困対策法改正，名称変更）
	子ども・子育て支援法改正（「支援費」，「こども誰でも通園制度」）

子ども貧困対策推進法改正(「子どもの貧困解消対策推進法」へ名称変更)

[著者略歴]

山田　晋（やまだ　しん）

1958年生まれ。九州大学法学研究科博士課程単位取得退学。九州大学助手，佐賀大学講師，助教授，明治学院大学助教授，教授を経て，2012年より広島修道大学法学部教授。主な著作に『社会福祉法入門』（法律文化社，2022年），編著に『やさしい社会福祉法制』（嵯峨野書院，2005年），『社会法の基本理念と法政策』（法律文化社，2011年），『原理で学ぶ社会保障法』（法律文化社，2022年），『新たな時代の社会保障法』（法律文化社，2022年）など。日本社会保障法学会，理事，監事を歴任。

広島修道大学テキストシリーズ
社会保障法入門──生活保障の原理で学ぶ　　　　〈検印省略〉

2025年3月20日　第1版第1刷発行

著　者　山　田　　　晋

発行者　前　田　　　茂

発行所　嵯　峨　野　書　院

〒615-8045 京都市西京区牛ヶ瀬南ノ口町39　電話(075)391-7686　振替01020-8-40694

©Shin Yamada, 2025　　　　　　　　　　　　　共同印刷工業・吉田三誠堂製本所

ISBN978-4-7823-0627-7

JCOPY〈出版者著作権管理機構 委託出版物〉
本書の無断複製は著作権法上での例外を除き禁じられています。複製される場合は，そのつど事前に，出版者著作権管理機構（電話03-5244-5088，FAX03-5244-5089，e-mail: info@jcopy.or.jp）の許諾を得てください。

◎本書のコピー，スキャン，デジタル化等の無断複製は著作権法上での例外を除き禁じられています。本書を代行業者等の第三者に依頼してスキャンやデジタル化することは，たとえ個人や家庭内の利用でも著作権法違反です。

嵯峨野書院

法学概論
―身近な暮らしと法―
國友順市・畑 雅弘 編著

私たちの日常生活にひそむ「法」を，身近な事例で平易に解説。いざという時に必要となる「リーガル・マインド（法的ものの考え方）」が身につく入門書。これから法律を勉強しようとする学生だけでなく，教養として「法」を学びたい社会人にも！
Ａ５・並製・302頁・定価(本体2600円＋税)

ワンステップ民法
［第2版］
宮本健蔵 編著

民法典の全領域を，簡潔に明らかにした概説書。法律問題を身近に感じられるよう，各章の冒頭に法律相談という形で具体的ケースを提示する。売買契約を念頭に置きながら，取引の展開過程に応じて，契約の締結，契約に基づく権利と義務，所有権と占有権，債権の担保など取引一般に共通する事柄を順に追って解説。その上で，売買以外の契約類型や不法行為，親族法や相続法などを含めて民法の全体像を示す。
Ａ５・並製・376頁・定価(本体2900円＋税)

ハイブリッド環境法
西村智朗・山田健吾 編著

環境問題の関心の高まりやSDGsの普及に伴い，注目される環境法。国内環境法と国際環境法を同じ比重で取扱い，双方向から環境問題を検討できる内容となっている。
Ａ５・並製・294頁・定価(本体2900円＋税)

医療関係法規テキストブック
本井 治 著

医療・福祉分野で活躍したい学生のための，医療および福祉関係法規の入門書。社会・経済状況の変化や医療技術の進歩とともにある法律の歴史をたどりながら，医療関係法規の全体像とともに各法規のエッセンスを学ぶことができる。医療関係法規に加え，社会福祉から疾病予防までを網羅。
Ｂ５・並製・320頁・定価(本体3800円＋税)